Victoria Oldenburger

Keine Menschen, sondern ganz besondere Wesen ...

Die Frau als Objekt unkonventioneller
Faszination in Ivan A. Bunins Erzählband
Temnye allei (1937–1949)

Literatur und Kultur im mittleren und östlichen Europa

herausgegeben von Reinhard Ibler

ISSN 2195-1497

5   Reinhard Ibler (Hg.)
    Der Holocaust in den mitteleuropäischen
    Literaturen und Kulturen seit 1989
    The Holocaust in the Central European Literatures and Cultures since 1989
    ISBN 978-3-8382-0512-0

6   Iris Bauer
    Schreiben über den Holocaust
    Zur literarischen Kommunikation in Marian Pankowskis Erzählung *Nie ma Żydówki*
    ISBN 978-3-8382-0587-8

7   Olga Zitová
    Thomas Mann und Ivan Olbracht
    Der Einfluss von Manns Mythoskonzeption auf die karpatoukrainische Prosa des tschechischen Schriftstellers
    ISBN 978-3-8382-0633-2

8   Trixi Jansen
    Der Tod und das Mädchen
    Eine Analyse des Paradigmas aus Tod und Weiblichkeit in ausgewählten Erzählungen I.S. Turgenevs
    ISBN 978-3-8382-0627-1

9   Olena Sivuda
    "Aber plötzlich war mir, als drohe das Haus über mir zusammenzubrechen."
    Komparative Analyse des Heimkehrermotivs in der deutschen und russischen Prosa nach dem Zweiten Weltkrieg
    ISBN 978-3-8382-0779-7

10 Victoria Oldenburger
    Keine Menschen, sondern ganz besondere Wesen ...
    Die Frau als Objekt unkonventioneller Faszination in Ivan A. Bunins Erzählband *Temnye allei* (1937–1949)
    ISBN 978-3-8382-0777-3

Victoria Oldenburger

Keine Menschen, sondern ganz besondere Wesen ...

Die Frau als Objekt unkonventioneller Faszination in Ivan A. Bunins Erzählband *Temnye allei* (1937–1949)

ibidem-Verlag
Stuttgart

Bibliografische Information der Deutschen Nationalbibliothek
Die Deutsche Nationalbibliothek verzeichnet diese Publikation in der Deutschen Nationalbibliografie; detaillierte bibliografische Daten sind im Internet über http://dnb.d-nb.de abrufbar.

Bibliographic information published by the Deutsche Nationalbibliothek
Die Deutsche Nationalbibliothek lists this publication in the Deutsche Nationalbibliografie; detailed bibliographic data are available in the Internet at http://dnb.d-nb.de.

∞

Gedruckt auf alterungsbeständigem, säurefreien Papier
Printed on acid-free paper

ISSN: 2195-1497

ISBN-13: 978-3-8382-0777-3

© *ibidem*-Verlag
Stuttgart 2015

Alle Rechte vorbehalten

Das Werk einschließlich aller seiner Teile ist urheberrechtlich geschützt. Jede Verwertung außerhalb der engen Grenzen des Urheberrechtsgesetzes ist ohne Zustimmung des Verlages unzulässig und strafbar. Dies gilt insbesondere für Vervielfältigungen, Übersetzungen, Mikroverfilmungen und elektronische Speicherformen sowie die Einspeicherung und Verarbeitung in elektronischen Systemen.

All rights reserved. No part of this publication may be reproduced, stored in or introduced into a retrieval system, or transmitted, in any form, or by any means (electronic, mechanical, photocopying, recording or otherwise) without the prior written permission of the publisher. Any person who does any unauthorized act in relation to this publication may be liable to criminal prosecution and civil claims for damages.

Printed in the EU

Inhaltsverzeichnis

1. „Ещё никогда никем точно не определённые, ..." 7
2. *Temnye allei*: Interessantes zu Entstehung, Publikation, Reaktionen 19
3. Die Frau im ausklingenden Zarenreich 23
4. Unterwegs in dunklen Alleen: Auf der Suche nach dem Wesen der Frau 25
   4.1 „Ballada" (1938) 25
   4.2 „Pozdnij čas" (1938) 30
   4.3 „Rusja" (1940) 33
   4.4 „Vizitnye kartočki" (1940) 37
   4.5 „Zojka i Valerija" (1940) 42
   4.6 „Tanja" (1940) 47
   4.7 „V Pariže" (1940) 51
   4.8 „Galja Ganskaja" (1940) 56
   4.9 „Genrich" (1940) 61
   4.10 „Natali" (1941) 63
   4.11 „'Madrid'" (1944) 71
   4.12 „Cholodnaja osen'" (1944) 76
   4.13 „Voron" (1944) 80
   4.14 „Čistyj ponedel'nik" (1944) 84
5. Eine Ode an die Frau 93
6. Quellen 103

1. „ЕЩЁ НИКОГДА НИКЕМ ТОЧНО НЕ ОПРЕДЕЛЁННЫЕ, ..."

„... непонятые, хотя от начала веков люди только и делают, что думают о них." (Bunin in Michajlov 2001: 17) Die Damen der Schöpfung bildeten eine Quelle der Faszination für den Mann, der von zahlreichen Literaturwissenschaftlern und -kritikern u. a. zum genialen Schriftsteller oder letzten russischen Klassiker erhoben wurde (vgl. Zin'ko 2009: 70; Cornwell 1998: 206). Er empfand das Wesen der Frauen als noch immer unbestimmt und vielleicht sogar letzten Endes unbestimm*bar*, und dadurch schien es ihn in seinen Bann zu ziehen. „Женщина всегда остается таинственной и непостижимой, непостожимы ее характер, ее логика, инстинкт, ее капризы, причуды, переменчивостъ" (Gejdeko 1987: 207), so seine Annahme, die zugleich als große Motivation für seine zahlreichen und vielfältigen Versuche, sich auf literarischer Ebene mit diesem Thema auseinanderzusetzen, diente. Doch zunächst ließe sich die Frage stellen: Wer war eigentlich der Mann hinter den vielen (fiktionalen) Frauen? Wer war Ivan Bunin?

„Моя писательская жизнь началась довольно странно[, ...]" (2006: 7), bemerkt Bunin intrigierend in seinen autobiographischen Aufzeichnungen,

> когда я, мальчик лет восьми, вдруг почувствовал горячее, беспокойное желание немедленно сочинить что-то вроде стихов или сказки [...]: я увидал в [какой-то книжке] картинку, изображавшую [...] карлика с бабьим лицом, [...] а под картинкой прочёл подпись [...]: „Встреча в горах с кретином". Кретин! В этом слове мне почудилось что-то страшное, загадочное, даже как будто волшебное! И вот охватило меня вдруг поэтическим волнением. В тот день оно пропало даром, я не сочинил ни одной строчки [...]. Но не был ли этот день всё-таки каким-то началом моего писательства? (ebd.)

Vielleicht handelte es sich bei der bebilderten Inspirationsquelle ja um ein Buch über die Gegend, in der sich sein Geburtsort befand? Wie auch immer: Unweit der mittelrussischen Platte in der südrussischen Stadt Voronež geboren und auf eben jener in Orel aufgewachsen, hatte Bunin bereits als Kind damit begonnen, alles um sich herum aufmerksam zu beobachten, aufzunehmen und zu verarbeiten (vgl. Kirchner 1968: 4). So konnte er im Nachhinein u.a. auf den Erlebnisfundus seiner Kindheit zurückgreifen und die einst gewonnenen Eindrücke an passenden Stellen in seine Gedichte und Erzählungen einfließen lassen.

Da Bunin 1870 jedoch in ein wenn auch altadliges, so doch von der Verarmung nicht verschontes Geschlecht hineingeboren worden war, wurde er von Anfang an von finanzieller Unsicherheit begleitet und konnte es sich nicht erlauben, nach der Ausbildung ausschließlich als Schriftsteller zu arbeiten (vgl. ebd.: 3, 9). Er fand 1887 eine Anstellung bei einer Zeitungsredaktion und hatte unverhofft das Glück, einige seiner Gedichte im selben Jahr drucken lassen zu können. Zehn Jahre später konnte er seinen ersten Sammelband mit Kurzgeschichten veröffentlichen, „die in den Rezensionen der Zeitungen ein einstimmiges Lob erhielten" (ebd.), und konnte in literarischen Clubs ein- und ausgehen sowie Kontakte zu bedeutenden zeitgenössischen Autoren aufbauen.

Essentiell war zunächst vorwiegend die Wirkung Ivan Turgenevs, den Bunin zwar nicht persönlich gekannt hatte, von welchem er sich aber in Sachen hingebungsvolle Naturschilderungen inspirieren ließ; und genauso wie sein Vorbild griff Bunin mit fortschreitendem Alter immer weniger auf Landschaftsbilder zurück, sondern verschob sie vielmehr in den Hintergrund und inszenierte vor den Naturkulissen tiefsinnige menschliche Schicksale (vgl. ebd.: 19f.).

Ein Prosaiker, den Bunin dagegen getroffen hatte und darauf zu seinen Freunden zählen durfte und der seinen Schreibstil nachhaltig prägen sollte, war Anton Čechov (vgl. ebd.: 14). „‚Ich hatte zu keinem Schriftsteller solche Verbindungen wie zu Čechov'" (ebd.: 15), staunte Bunin, „die ganze Zeit hindurch gab es nicht ein einziges Mal eine Unfreundlichkeit.'" (ebd.) Eine solch herausragende Freundschaft konnte nur fruchtbar sein: Sowohl die verdichtende und präzise beschreibende Schreibweise seines elf Jahre älteren Vorbildes als auch dessen Themen von „menschlicher Not, sozialer Ungerechtigkeit und der Suche nach den inneren Gesetzen des Lebens" (ebd.: 21) waren wegweisend für das Werk des werdenden Worteschmieds.

1899 lernte Bunin Maksim Gor'kij kennen und durfte zum Redaktionsmitglied seiner Zeitschrift „Novaja žizn'" werden, die als Sprachrohr der sozialdemokratischen Internationalisten fungierte (vgl. ebd.: 17). Auch an der Herausgabe der Hefte von Gor'kijs Verlag „Znanie" beteiligte er sich, und sein Arbeitgeber entwickelte eine zunehmend große Anerkennung für sein schriftstellerisches Talent. In einem Brief an Ivan Belousov (1911) lobte er Bunin mit den Worten: „А лучший современный писатель – Иван Бунин, скоро это станет ясно для всех, кто искренно любит литературу и русский язык!" (Gor'kij 1959: 103) Daher erwartete er später gerade von ihm einen aktiven Einsatz in der Politik und begriff nicht, warum sich Bunin dieser verweigerte.

„To your question – ‚Why do I oppose Bolshevism?' – I reply that I am personally convinced that [...] there has been nothing more vile, false, evil and despotic than this phenomenon." (Bunin in Marullo 2002: 53) Bunin wurde manchmal vorgeworfen, dass er die Ideale des sowjetischen Staats nicht begreifen wollte und ihn ungerechterweise diffamierte und dass er stattdessen die zaristische Vergangenheit des Landes unnötig glorifizierte. Beides wurde vom Autor deutlich widerlegt. Er wusste die Probleme der ‚alten Zeiten' in Worte zu fassen und genauso auch durchaus nachvollziehbar Kritik am neuen Régime zu üben – wohlgemerkt ohne dabei im Großen und Ganzen die ursprünglichen, propagierten Ideale der Sowjets in Frage zu stellen, sondern sie vielmehr als leere Worte zu enttarnen.

Ungleich vielen anderen Schriftstellerkollegen war er fähig, der Mythisierung ‚des russischen Volks', das von den Dörflern verkörpert wurde, zu widerstehen, und legte keinen Wert darauf, das Leben auf dem Lande zu stilisieren und in beschönigende Worte zu kleiden (vgl. Grob in Bunin 2005: 220). Er wusste, unter welch armseligen und häufig grausamen Umständen dieses Leben ablief, und beschrieb dies schonungslos in Erzählungen wie „Suchodol" oder „Derevnja" – genauso kritisierte er darin auch das Verkommen der adligen Bevölkerungsschicht, die sich mit jedem Jahr weiter in den finanziellen Ruin trieb, da sie – nicht zuletzt durch buchstäbliches Degenerieren – ihre Lebensfähigkeit einzubüßen schien, in zunehmender Lethargie lebte und in Erinnerungen an besagte ‚alte Zeiten' versank. Besondere Kritik findet bei Bunin die damit zusammenhängende altbekannte ‚russische Krankheit': eine verhängnisvolle Mischung aus Einfalt und Lethargie mit der Folge einfach nur auf Wunder zu hoffen und zu warten anstatt selbst aktiv zu werden und sein Möglichstes für die Lösung von Problemlagen zu tun (vgl. ebd.: 221).

Die bolschewistische Ideologie brachte Bunin zwar einerseits aus rein nostalgischen Gründen zur Verzweiflung, weil sie die ihm vertraute Welt aus den Angeln hob (vgl. Grin 1977: 7). Doch der eigentliche Grund für seinen Unmut und Frust lag in „хамство, грубость, насилие, выплывшие вместе с революцией" (ebd.). Die Lüge hinter dem Versprechen einer ‚schönen neuen Welt' und das provokative Verhalten eines (zu großen Teilen aus dem sog. Lumpenproletariat, d.h. Subjekten der untersten Gesellschaftsschicht wie ehemaligen Gefängnisinsassen, Landstreichern etc. bestehenden) Volkes, das zunächst mit unerschütterlichem Enthusiasmus und Glauben an dieser Lüge festhielt und im Zuge dieser z.T. unaussprechbare Dinge verrichtete, waren ihm ein Gräuel. Die Roten Garden sind ein nur zu gutes Sinnbild: Ihr ‚Kampf' für die Ideen der Oktoberrevolution artete oftmals in unkontrollierter Gewalt aus, denn sie ließen es sich nicht nehmen, mit den ihnen zur Verfügung gestellten Waffen und dem Auftrag der kommunistischen Ideologie den Weg freizumachen ihre russischen Mitbürger zu terrorisieren. Selbstjustiz üben, ausrauben, vergewaltigen, foltern, töten – allesamt Aktionen, die auf der grausamen Tagesordnung standen und Teil des *krasnyj terror* waren. Bunin nahm jede Gelegenheit wahr dies hervorzuheben, so u.a. in seinem Revolutionstagebuch *Okajannye dni*. Er kritisierte die Darstellung der Revolution als ‚Elementargewalt', wie die Bolschewiken sie oft zu bezeichnen pflegten, und betonte „die Unsicherheit und Hilflosigkeit der neuen Führer und die *wirkliche* Elementargewalt der unkontrollierten Zerstörung, die sich in Plünderungen, Erschießungen, Judenpogromen äußert[e], die in wechselnden Namen und jenseits großer politischer Ideen verübt" (Grob in Bunin 2005: 222) wurden. Als bedenklich hob Bunin dabei auch die Propagierung des ‚novyj čelovek' hervor: „Was wurde [...] für Lenin mit seiner RKP [...] als ‚Waffe' gebraucht? Es wurde die ‚Fabrikation von Menschen mit materialistischem Denken, mit materialistischen Gefühlen' gefordert" (in Kirchner 1968: 23), also von Menschen, die nur Materie als Ursache all dessen, was in ihrer Realität geschieht, betrachten und alles darüber Hinausgehende strikt negieren.

Er fand für sich keinen Platz in dieser sich neu formierenden Welt und sah sich daher gezwungen im Jahre 1920 zu emigrieren. Seine bisherigen Auslandsfahrten hatten den reiselustigen Schriftsteller jedoch immer wieder zurück in seine Heimat geführt – diesmal verließ er diese zusammen mit seiner dritten und letzten Frau Vera Muromceva-Bunina für immer (vgl. Grin 1977: 7; Kirchner 1968: 16). Die letzten 33 Jahre seines Lebens verliefen im französischen Exil. Zunächst kamen sie in Paris bei Freunden unter, 1923 zogen sie nach Grasse in die Villa ‚Belvedere', wo sie immer wieder Gäste – zumeist Schriftsteller – beherbergten und so aus ihrem Haus eine Art kulturellen Treffpunkt machten, denn Bunin sehnte sich nach ständigem menschlichem Kontakt und Austausch mit anderen russischen Emigranten, da er immerwährend gegen „homesickness and despair" (Marullo 2002: 1; vgl. Grin 1977: 8, 10) ankämpfte. Genauso bereitete ihm die Frage nach dem Bewahren der klassischen russischen Literatur Sorgen, denn losgerissen von Russland und dem permanenten Kontakt zu anderen Kollegen sowie unter dem „loss of group identity" (Marullo 2002: 15) leidend, hatte er wiederholt Schwierigkeiten seinen Weg zurück zu einer fruchtbaren schriftstellerischen Tätigkeit zu finden und den Sinn in seinem Schreiben zu erkennen.

Wenig hilfreich waren dabei jene, die ihn lasen und Kritik übten. Ob Schriftsteller, Kritiker oder gewöhnliche Leser – ein erschreckend großer Teil von ihnen verirrte sich in negativen Be- oder vielmehr Verurteilungen seines Schaffens (vgl. ebd.: 25). Ihrer Meinung nach fanden sich darin lebensfeindliche Elemente, eine dürftige Portion Kreativität, eine emotionsarme, rein beschreibende narrative Art. Überhaupt würde er lediglich seine illustren Vorgänger nachahmen ohne sich durch individuelles Schreibtalent hervorzutun. Nicht viele seiner Kritiker erkannten in ihm einen scharfen Beobachter und Rebellen innerhalb der neuen literarischen Strömungen, der es sich nicht nehmen ließ, weiterhin an klassischen Themen und Techniken festzuhalten und diese auszufeilen. Filigran, prägnant in ihrer Darstellung, unverblümt und zugleich authentisch ästhetisch waren die Bilder, welche er dem Leser in seinen Geschichten zeichnete; dabei hoben die Kritiker auch oftmals „their love for Bunin's pagan sensuosness, the loving tenderness with which his eyes, ears, and hands caressed nature" (ebd.) hervor.

Das Nobel-Komitee schien diese Ansichten im Nachhinein auch zu teilen, denn 1933, nach einigen Jahren des Wartens, Hoffens und Enttäuscht-Werdens, wurde der Nobelpreis für Literatur zum ersten Mal einem russischen Schriftsteller zugewiesen – Ivan Bunin (vgl. Grin 1977: 10). „Мой всегда тихий [...] дом [...] ярко освещен сверху донизу. И сердце у меня сжимается какою-то грустью..." (2006: 178), gesteht Bunin, als er daran zurückdenkt, wie er nach einem unwirklich erscheinenden Anruf aus

Schweden nach Hause kommt. „Какой-то перелом в моей жизни..." (ebd.) Das Ereignis, auf welches er und seine Frau Vera schon so lange gewartet hatten, traf ein und rief in ihm widersprüchliche Gefühle hervor: Aufregung und ein seltsam banges Gefühl lieferten sich in seinem Inneren einen heftigen Kampf, wobei Letzteres zunächst zu überwiegen schien:

> Посетители, число которых все возрастает, так что лица их все больше сливаются передо мною, со всех сторон жмут мне руки, [...] фотографы ослепляют меня магнием, чтобы потом разнести по всему свету изображение какого-то бледного безумца, журналисты наперебой засыпают меня допросами... (ebd.: 179)

Es fiel ihm nicht leicht, dieser abrupten und unerwartet eingetretenen Veränderung in seinem Leben mit reiner Euphorie zu begegnen, doch bei der Preisverleihung genoss er die feierliche Atmosphäre und äußerte seinen großen Dank ob der Auszeichnung, die man ihm zuteilte, v.a. angesichts der Tatsache, dass „впервые со времени учреждения Нобелевской премии [они] присудили ее изгнаннику. Ибо кто же я? Изгнанник, пользующийся гостеприимством Франции" (ebd.: 184).

Bunin schien allerdings zugleich unbewusst geahnt zu haben, dass der Preis auch Belastungen mit sich bringen würde. Finanziell gesehen hatte sich seine Lage nun fürs Erste gebessert (wenn auch nicht für lange, da das Geld – u.a. auch aufgrund der Unterstützung anderer Bedürftiger in seinem Freundeskreis – schnell aufgebraucht war), doch der Trubel um seine Person nahm eine für ihn unangenehme Form an. Er ging davon aus, dass er mit dem Preis das Image der russischen Emigranten aufgebessert und ein Zeichen gesetzt hatte: Die angebliche Überlegenheit proletarischer Literatur und des sozialistischen Realismus wurde widerlegt, und „the creative and ethical voice of an exiled writer working far from his homeland [was legitimated]" (Marullo 2002: 2). Dies ließ ihn auch entsprechend in den Augen vieler russischer Emigranten als Erlöser erscheinen, weil seine plötzliche Berühmtheit Licht in ihre schriftstellerische Tätigkeit brachte und ihnen Hoffnung gab (vgl. ebd.: 10). Die Mission klassische russische Literatur aufrechtzuerhalten und zu nähren, mit der Zeit verschwommen und verblasst, nahm mit einem Mal wieder klarere Konturen an und rückte erneut stärker ins Bewusstsein. Das war jedoch nicht genug.

Emigré elites demanded that Bunin and his wife [...] exemplify what they saw as the best of "patriarchal" Russia. [The] couple should emphasize past wealth and elegance to offset present disorientation and despair. To the citizens of the world, they should project the resurrected aura of a post-Bolshevik homeland. (ebd.: 3)

Man sehnte sich verzweifelt nach einer Leitfigur, einem ‚Kulturbotschafter', der eine fast schon absurd königlich erscheinende Position einnehmen sollte, indem er sich elegant einrichtete, im Namen der emigrierten Intelligencija Empfänge für Ausländer ausrichtete, in der Welt umherreiste und die Gemeinschaft der russischen Emigranten repräsentierte. Als der Zweite Weltkrieg einsetzte, ließen diese Forderungen nach, doch sie hinterließen bei Bunin ein Gefühl seelischer Belastung und Bedrückung, weil er nicht bereit war, diesen plötzlich aufgekommenen und in ihren Ausmaßen extravagant anmutenden Ansprüchen gerecht zu werden.

Ein Problem, das ihm 1946 zu schaffen machte, war die Möglichkeit als russischer Emigrant die sowjetische Staatsbürgerschaft zu erlangen und/oder ins Heimatland zurückzukehren (vgl. ebd.: 23). Erneut fand sich Bunin (der 1945 wieder nach Paris gezogen war) in einer Situation wieder, die bei ihm entgegengesetzte Gefühle hervorrief. Einerseits hatte er nie aufgehört, sich nach russischem Boden zu sehnen, sodass er es kurzzeitig in Betracht gezogen hatte, wieder zurückzukehren. Dieser Gedanke beschäftigte ihn auch vor dem Hintergrund seiner zunehmend elenden Lebenslage in Frankreich: Die Armut, mit der er tagtäglich zu kämpfen hatte und die es ihm schwer machte, an Lebensmittel und Medizin zu kommen, schwächte ihn und nahm ihm die Kraft den Bolschewiken so zu widerstehen wie er es zuvor getan hatte. Doch andererseits behagte ihm nicht, dass er, einst im ehemaligen Russland angekommen, nicht mehr die schöpferische Freiheit haben würde, die er im Exil für sich beanspruchen konnte (vgl. ebd.: 24). Auch war er sich dessen bewusst, dass er sich früher oder später mit seinen sowjetischen Mitbürgern anlegen und erhitzte Diskussionen über sozialpolitische Anschauungen führen würde, die nur in Zwietracht und Frust enden würden. Ein ruhiges Leben wäre ihm dort nicht beschieden.

Ivan Bunins letzte Jahre in Paris verliefen in einem Wechsel depressiver Stimmungen und plötzlicher Momente alter Frische und jugendlicher *joie de vivre* (vgl. ebd.: 26f.). Ihn quälte sein Lebenszustand – Armut, Isolation, Langeweile, Krankheiten, Alter und das nahende Ableben – bis zur äußersten Verbitterung. Auch Angst wurde zu seinem ständigen Begleiter: Angst vor dem Verlust seiner Frau durch deren Ableben, Angst vor Feinden seines Werks, Angst vor Gelehrten und Biographen, die sein Leben und Schaffen falsch interpretieren und entsprechend inkorrekt darstellen könnten. Zugleich „Bunin did fight off poverty, sickness, old age, and death with gusto and verve. [...] When [he] was feeling feisty and spry, he refused to look, act, or feel his age. [... H]e lost his wrinkles, stood erect, and walked with a lively gait" (ebd.: 27). Gefangen in diesem Kampf der Emotionen, wurde der Schriftsteller schließlich schwer krank und verstarb im Alter von 83 Jahren in Paris (vgl. Trottenberg in Bunin 2005: 257).

Die Auszeichnung dieses gezwungenermaßen ‚selbstverbannten' eigenwilligen Schriftstellers mit dem Nobelpreis ist nachvollziehbar, denn Ivan Bunin war ein Kuriosum unter den Autoren seiner Zeit. Wie Woodward schreibt, unterschied er sich von ihnen „by his apparent immunity to both the literary and the political pressures of his time and by the persistence with which he steered his completely solitary course of development." (1980: ix) Aus diesem Grund schrieb er von der Zeit, in der er sich wohl gefühlt hatte, einer Zeit, die von seinen literarischen Mitstreitern in der Heimat nicht länger positiv behandelt bzw. gänzlich ignoriert wurde, nämlich der Periode des „alte[n] ‚heiligen' Russland [...], dessen versunkene Welt [er] in ihrem Glanz und ihrer Größe, aber auch in ihrer Schwäche zeichnete." (Munzinger) Sein demonstratives Beharren auf ungewöhnlichen Themen erstreckte sich auch auf seine literarische Zuordnung, denn er bestand darauf, keine zu haben, also weder als Romantiker noch als Symbolist noch als Realist etc. bezeichnet zu werden (vgl. Cornwell 1998: 206).

Sein essentielles Instrument, die von ihm verwendete Sprache bzw. Ausdrucksweise, fungierte in dieser Angelegenheit als eine Art Statement, welches jeglichen Kategorisierungsversuchen nachdrücklich zu trotzen schien, sodass Kritiker alles in allem auch heute noch Bunin keiner konkreten Literaturströmung zuzuordnen wissen. Cornwell bietet hierzu eine recht treffende Beschreibung: „He fostered a precise and loving treatment of language, tended to think in images, possessed phenomenal descriptive powers and conveyed atmosphere and the passage of time with remarkable verbal economy." (ebd.) Mit dieser Sprache beschrieb er die Natur als Verkörperung der Gesetze, welche seiner Meinung nach unsere Existenz bestimmen und dem Menschen somit keine wirkliche Freiheit über seine Entscheidungen lassen (vgl. Woodward 1980: 21, 23). Bei all seiner (ihm bewussten) Außergewöhnlichkeit erlaubte Bunin es sich zwar, regelmäßig andere Schriftsteller seiner Schaffensperiode zu kritisieren, doch zugleich war er nicht darauf bedacht, „выставля[ть] своей кандидатуры на роль ‚духовного вождя', ‚властителя дум', ‚общественной совести' или даже просто любимца публики." (Stepun 1934)

Die Erforschung des nachrevolutionären Werks von Ivan Bunin hat aufgrund seiner Inkompatibilität mit den sowjetischen Anforderungen spät begonnen und ist v. a. im Westen im Vergleich zu den literaturwissenschaftlichen Untersuchungen anderer russischer Autoren noch ausbaufähig. Man konzentriert sich bei seinem Schaffen hauptsächlich auf die Analyse und Interpretation der Themengebiete Volk (v. a. Bauern, Landadel und deren Verfall), Natur, (leidenschaftliche, unglücklich endende) Liebe, Tod sowie Mystisches (wobei dies sicher nicht zuletzt von Bunins Eigenkategorisierung des Großteils seines Werks abhängen könnte, welche ähnlich ausfiel; vgl. Bunin in Reese 2003: 65).

Somit fällt auf, dass ein zentrales Thema, welches Bunin sein Leben lang beschäftigt hat, nicht auf Interesse zu stoßen scheint; dabei äußerte und betonte er mehrmals seine zu Anfang erwähnte Faszination gegenüber dem Wesen der Frau und tat dies nicht zuletzt in Form einer Vielzahl von Werken, in denen er sich ihm und seiner Mannigfaltigkeit auf unterschiedliche Weise anzunähern und es zu begreifen versuchte (vgl. Reese 2003: 213). Bunin strebte danach, Empfindungen, Gedankengänge und Handlungsweisen von Frauen sowie deren Auswirkungen auf ihre Umgebung (v. a. Männer) nachzubilden. Hierfür versuchte er sich in Kindermädchen, Prostituierte und Kaufmannstöchter gleichermaßen hineinzuversetzen und schlussendlich ein breites Spektrum an unterschiedlichen weiblichen Figuren zu behandeln.

Eine große Motivation für seine Auseinandersetzung mit der Frau stellte der bisherige literarische Umgang mit ihr dar:

Часто думаю с удивлением и горем, даже ужасом [...] о той тупости, невнимательности, что была у меня [...] к женщинам. То дивное, несказанно-прекрасное, нечто совершенно особенное во всем земном, что есть тело женщины, никогда не написано никем. Да и не только тело. Надо, надо попытаться. (Bunin in Reese 2003: 215)

Es erweckt den Anschein, als hätte Bunin in der bisherigen (ihm bekannten und vermutlich als russisch zu deutenden[1]) Literatur keine ihn zufriedenstellenden, adäquaten Darstellungen der Frauenthematik gefunden und sich auch und vielleicht sogar gerade dadurch dazu herausgefordert gefühlt, sich ihr ausführlich zu widmen. Das Ergebnis dieses seines Herzensanliegens ist der Erzählband *Temnye allei*, verfasst in der Zeit 1937–1949. Nun wäre es vor zuvor beschriebenem Hintergrund interessant, Bunins spezieller Leidenschaft nachzugehen und sie durch eine analytische sowie interpretatorische Betrachtung diverser im Band beschriebener Frauentypen nachzuverfolgen: mit dem Vorhaben, die Faszination des Autors nachzuvollziehen und sie in erklärende Worte zu kleiden.

Dazu soll in dieser Arbeit wie folgt vorgegangen werden: Nach einer kurzen Vorstellung des Erzählbandes (Entstehung, Inhalt, Publikation, Reaktionen in der Sowjetunion und im westlichen Ausland) sollen Protagonistinnen aus 14 der insgesamt 38 Kurzgeschichten zum Gegenstand einer Analyse und Interpretation werden. Die Wahl der Erzählungen wurde mithilfe eines Briefes vom 12.10.1952 (ein Jahr vor dem Tod des Autors) an Fedor Stepun getroffen, in welchem Ivan Bunin 16 chronologisch aufgelisteten Geschichten besondere Priorität zuwies: „,Ballada', ‚Pozdnij čas', ‚Rusja', ‚Vizitnye kartočki', ‚Zojka i Valerija', ‚Tanja', ‚V Pariže', ‚Galja Ganskaja', ‚Genrich', ‚Natali', ›Madrid‹', ‚Železnaja Šerst'", ‚Cholodnaja osen'", ‚Voron', ‚Čistyj ponedel'nik' sowie ‚Časovnja'." (Reese 2003: 101) Da die Länge dieser Arbeit es nicht erlaubt, sich aller Erzählungen anzunehmen, werden, Bunins Urteil folgend, die von ihm besonders geschätzten Kurzgeschichten behandelt – mit Ausnahme von „Železnaja Šerst'" und „Časovnja", da darin keine ausreichend ausführlich beschriebenen weiblichen Figuren vorkommen. Die Methodik der Figurenanalyse ist dabei an folgende Leitpunkte angelehnt, die eine detaillierte Erschließung der Charaktere ermöglichen sol-

---

[1] International gesehen gab es nämlich zwei Autoren, deren literarische Auseinandersetzung mit der Frauenthematik Bunin interessant fand: Gustave Flaubert und v. a. Guy de Maupassant (vgl. Bkr3, Reese 2003: 215f.).

len: Charakterisierungsarten (durch Erzähler, Handlungen, Rede, Äußeres, Charaktanten); die Frage danach, ob die Figuren auf betonte Weise kulturell, psychologisch, sozial einem Menschentyp nachempfunden sind; die Frage nach systematischen Beziehungen, in denen sich die Figuren befinden; Profilierungsgrad.

Anschließend soll im Fazit eine Zusammenfassung der Analyse und Interpretation in Form von Antworten auf folgende Fragen erfolgen: Wie zeigt sich Bunins Faszination am weiblichen Geschlecht, d. h. welcher Gesamteindruck entsteht von den aus seiner Feder stammenden Frauenfiguren und wodurch zeichnen sie sich bei ihm aus? Welche Absichten könnten sich im Genaueren hinter seiner literarischen Auseinandersetzung mit den Protagonistinnen befinden, was könnte er mit ihrer Darstellung vermittelt haben wollen? Ferner soll ein Ausblick für eventuelle weitere Nachforschungen auf diesem Gebiet formuliert werden.

2. *TEMNYE ALLEI*: INTERESSANTES ZU ENTSTEHUNG, PUBLIKATION, REAKTIONEN

„Господи, продли мои силы для моей одинокой, бедной жизни в этой красоте и в работе!" (in Smirnova 1991: 170), schickte Ivan Bunin in der Nacht des 08.05.1944 in seinem Tagebuch ein schriftliches Stoßgebet gen Himmel. Der Autor hielt *Temnye allei*, die er in diesem Satz unter „Schönheit" und „Arbeit" zusammenfasste, für sein gelungenstes Werk und schöpfte v. a. während der Kriegsjahre aus dem Verfassen des Erzählbandes große Kraft (vgl. Smirnova 1991: 171). Seine letzte Frau, Vera Muromceva-Bunina, fasste es so in Worte: „Stories from *Dark Alleys* came into being because we wanted to leave the world of war and to enter one where blood did not flow and life was not being snuffed out. We were all engaged with its writing to help us bear the unbearable..." (in Marullo 2002: 382)

Der Erzählband verrät bereits mittels der Ambiguität seines Titels die Atmosphäre und die grundlegenden Handlungselemente der Kurzgeschichten. Dabei werden einerseits ein bestimmter Schauplatz und andererseits eine Metapher, die auf „Verwicklungen unklarer Natur" (Reese 2003: 94) schließen lassen könnte, verbalisiert. Dadurch kann der Leser zu zwei potentiellen Annahmen verleitet werden: dass die Erzählungen „mögliche romantische Rendezvous in lauschigen Laubengängen" (ebd.) oder aber „gefahrvolle Reisen in die Abgründe der menschlichen Seele" (ebd.) verheißen – wobei diese Vorstellungen einander nicht ausschließen, sondern beide zutreffen und zusammen einen verträumt-dunklen Flair kreieren, der den Inhalt des Bandes prägt.

Zunächst wurden *Temnye allei* 1943 in den USA veröffentlicht, bevor sie nach einer Ergänzung seitens Bunins 1946 auch in Paris erschienen; 1954 erfolgte dann erstmals eine Publikation in der Sowjetunion (vgl. Smirnova 1991: 170; Reese 2003: 19). Allerdings bekam der um einige Werke zensierte Erzählband, der seinem Verfasser so sehr am Herzen lag, zu dessen Bestürzung in der französischen Hauptstadt zunächst keine Aufmerksamkeit. In den Vereinigten Staaten sowie in Bunins Heimatland war die Lage vergleichbar (vgl. Woodward 1980: 17; Marullo 2002: 270; Reese

2003: 19). Außerdem verstörte die ‚reduzierte' Ausgabe die (noch verhältnismäßig wenigen) Leser und Kritiker, welche „were distressed by what they saw as the 'pornography' of the work." (Marullo 2002: 195) Gefangen „between world upheaval and the mundane business of living" (ebd.) schafften sie es nicht, die eigentliche Botschaft des Bandes zu erkennen, wie Marullo zu bedenken gibt. Bunin ging es um die Kontrastierung von Leben und Liebe: Während der Lebensprozess per se als tragisch und trist dargestellt wurde, flammte Liebe in den triumphalen Farben der Freude auf und verschaffte den Menschen, die sie erfasste, für bestimmte Zeit das Gefühl überwältigender Befreiung und schieren Glücks (vgl. ebd.: 196).

Dieser Situation entsprach auch die wissenschaftliche Auseinandersetzung mit *Temnye allei* in der Sowjetunion, denn wie auch Bunins restliches Schaffen außerhalb des Landes wurden sie höchstens oberflächlich oder teilweise analysiert oder aber lediglich in zusammenfasender Form behandelt, zumal eine fruchtbare Auseinandersetzung aufgrund der unveröffentlichten Erzählungen[2] zusätzlich erschwert wurde (vgl. Reese 2003: 18f.). Dies ist vor dem sozialpolitischen Hintergrund durchaus nachvollziehbar, da es eher

> opportun [war], sich vor allem mit Bunins vor der Oktoberrevolution erschienenen Werken zu befassen: die nüchterne Beschreibung des rückständigen Lebens auf dem Lande (wie z. B. in *Derevnja*, 1910) oder die Darstellung degenerierter Adliger (wie etwa in *Suchodol*, 1911) fügten sich besser ins kommunistische Wertesystem als das individuelle Liebeserlebnis unpolitischer Menschen, die hilflos den Elementarkräften des Lebens ausgeliefert sind. (ebd.)

Westeuropäische und US-amerikanische Literaturwissenschaftler gingen in ihrer kritischen Betrachtung des Bandes ähnlich vor, auch wenn man ihnen zugestehen muss, dass sie früher mit der Analyse von *Temnye allei* begannen (vgl. ebd.: 21, 357). Zwar wurde er 1954 zum ersten Mal im wissenschaftlichen Kontext (im Rahmen einer US-amerikanischen Doktorarbeit) erwähnt, doch ein erster wirklicher Hoffnungsfunke wurde im Jahre 1980 in Form einer französischen Dissertation gezündet, welche ausschließlich von

---

[2] Bis heute sind noch immer neun Erzählungen nicht publiziert worden, „sind jedoch in Manuskript- bzw. Typoskriptform im [Leeds Russian Archive] einzusehen" (Reese 2003: 66). Es handelt sich dabei um folgende: „Dura", „Ivolga", „Knjažna Sajtanova", „Lizok", „Na postojalom dvore", „Otec Nikon", „Raisa", „Skazka pro soldata", „Zamužestvo" (vgl. ebd.: 69ff.).

Temnye allei handelte (vgl. ebd.: 22). Die 1980er Jahre markierten ohnehin den Beginn einer ‚Tauwetterperiode' auf dem Feld der Erforschung des Erzählbandes, denn langsam begann sich sowohl im Osten als auch im Westen „eine würdigende Sicht der Darstellungskunst Bunins" (ebd.: 356) durchzusetzen. Aus Vorwürfen der Realitätsferne und Pornographie wurden zunehmend liberal geprägte Äußerungen über Bunins innovativen Sinn für Modernität und das Talent, seiner Prosa Leben einzuhauchen. Da die Moralvorstellungen sich nun also dem Zeitgeist entsprechend gewandelt haben und zugleich alle für den Erzählband bestimmten Texte zugänglich gemacht wurden, ist es für die Literaturwissenschaft einfacher, sich mit tiefergehenden und umfassenderen Analysen zu beschäftigen (vgl. ebd.: 357).

Allerdings scheint die Darstellung der Frauen in *Temnye allei* als eigenständiges Thema bis jetzt noch verhältnismäßig wenig Beachtung zu finden, sodass die weiblichen Figuren höchstens in knapper Form separat betrachtet und ansonsten für gewöhnlich im Rahmen von Gesamtinterpretationen der jeweiligen Kurzgeschichten behandelt werden. Unter den aktuelleren Beiträgen zur Forschung rund um den Erzählband findet sich bei Reese in Form eines rund 27 Seiten umfassenden Kapitels ein vergleichsmäßig langer Beitrag zu dessen Protagonistinnen. Darin zeigt sie summarisch ihre Analyse- und Interpretationsergebnisse auf und führt an bestimmten Stellen einzelne Beispiele aus den Primärwerken an. Im Weiteren sollen wichtige Beobachtungen von ihr aufgeführt werden, um als Anhaltspunkte und zugleich als zu hinterfragende Sichtweisen eine Basis für die nachfolgenden Figurenbetrachtungen zu schaffen.

Passend zu Bunins eigenen zuvor erwähnten Gedanken gibt Reese zunächst an, dass alle Frauenfiguren im Erzählband gewissermaßen Teil eines Experiments sind: Sie stellen direkte Beobachtungsobjekte der männlichen Protagonisten und somit *indirekte* Beobachtungsobjekte des Autors dar, welcher „das Wesen des Phänomens ‚Frau' durch Studien möglichst zahlreicher Repräsentantinnen dieser Art zu ergründen versucht." (ebd.: 213) Bunins Ziel waren dabei nicht nur möglichst authentische Charakterisierungen einzelner weiblicher Individuen, sondern auch eine aus diesen resultierende Möglichkeit, „allgemeingültige Aussagen zur Frau an sich" (ebd.) zu machen. Reese weist allerdings im Nachhinein darauf hin, dass Bunin sich ganz besonders auf eine facettierte Darstellung des Äußeren seiner Frauenfiguren konzentriert und sie somit hauptsächlich mittels physischer Merkmale individualisiert, wobei trotz der großen Vielfalt ein überwiegend (äußerlich) dunkel geprägtes Frauenbild kreiert wird (vgl. 2003: 213f.). Dennoch erweckt jede der weiblichen Figuren durch die ihr zugeteilten Merkmale erst den Eindruck, in ihrer körperlichen wie auch charakterlichen Unverwechselbarkeit eindeutig von den anderen abgegrenzt zu sein. Dabei macht Reese jedoch abschließend die Beobachtung, dass die geistige Mannigfaltigkeit der Darstellungen „nur eine scheinbare [ist], da [die Protagonistinnen] nur äußerlich individualisiert sind und sich durch die fehlende Schilderung innerer Prozesse auf ihre Geschlechtszugehörigkeit reduzieren lassen." (ebd.: 230)

3. DIE FRAU IM AUSKLINGENDEN ZARENREICH

Um die Frauenthematik in *Temnye allei* zu behandeln und – auch unter Beachtung von Reeses Aussagen – ein Fazit daraus zu ziehen, soll im Folgenden noch zur besseren Orientierung und zu einem tieferen Verständnis der Protagonistinnen ein kurzer Überblick über das Leben der Frau zur Schaffenszeit Bunins gegeben werden. Es handelte sich dabei um die Zeit der zunehmenden Industrialisierung und Urbanisierung im russischen Reich, im Zuge welcher einschneidende Ereignisse die Lebenssituation der Frauen veränderten und prägten.

Zunächst kam unter vermehrtem Einsatz einflussreicher (zumeist adliger) Vertreterinnen der Intelligencija Mitte des 19. Jahrhunderts die ‚Frauenfrage' auf (vgl. Evans Clements 2012: 114). Diese äußerte sich in Gedanken wie: „What was woman's nature [...]? [H]ow should society be reformed so that women could fulfil their potential? If emancipated, what should women do with their lives?" (ebd.) Ausgehend von diesen Fragestellungen ließen sich zwar längst nicht dieselben Erfolge erzielen wie dies in Europa auf Dauer der Fall war (beispielsweise ließ sich aufgrund des Vetos der damals noch große Macht ausübenden Kirche unter keinen Umständen die Scheidung einführen; Feministinnen war es nicht erlaubt, Zeitungen oder Zeitschriften mit dem Geistesgut ihrer neu aufkommenden Bewegung zu publizieren; auch war es ihnen verboten, sich zu Meetings einzufinden und Aufmärsche zu organisieren u.ä.; vgl. ebd.: 122).

Jedoch gelang es ihnen Erfolge in der Bildung zu erzielen – davon profitierten in erster Linie besonders jene, die zum russischen Adel gehörten, doch die Möglichkeit eine Schule aus dem sekundären und ggf. auch tertiären Bildungsbereich (v.a. Lehramts- und Medizinkurse) zu besuchen ergab sich nun auch für Mädchen und junge Frauen aus den mittleren und unteren sozialen Schichten (vgl. ebd.: 112). Da letztere allerdings ca. 80% der Bürgerinnen ausmachten und zu einer Schicht gehörten, die Bildung nicht gerade die höchste Priorität zuwies, blieben viele Mädchen daheim und halfen ihren Müttern (vgl. ebd.: 129). „If you send her to school, she costs money; if you keep her home, she makes money" (ebd.), so die eindeutige Meinung zahlreicher Eltern, die außerdem ihren Söhnen in Sachen Bildung den Vortritt ließen. Später traten viele junge Frauen zusätzlich die Arbeit in Fabriken an und bildeten bald ein Drittel der dort Beschäftigten (vgl. ebd.: 113).

Durch Berichte von Männern, die zwischenzeitlich in großen russischen Städten nach Arbeit gesucht bzw. gearbeitet hatten, erfuhren sie nach und nach vom Leben ‚da draußen', d.h. von der neuesten Mode, den städtischen Vergnügungen usw., und dies hatte seine Wirkung. Im Zeitraum 1880-1910 nahm die Auswanderung von Frauen aus Bauernfamilien in Städte stark zu (vgl. ebd.: 134). Sie fanden dort hauptsächlich Anstellung als Hausdienerinnen, die sich bei wohlhabenden Familien um Haushalt und Kinder kümmerten.

Eine weitere Verdienstmöglichkeit bestand in der Prostitution, die hauptsächlich „a business of the poor [... –] young, illiterate peasant migrants" (ebd.: 143) war. Gegen 1910 boten zehntausende von Freudenmädchen ihren Körper für Geld an, und Kunden gab es genug, schließlich hatte es im Zuge der Urbanisierung und Arbeitssuche u.a. viele Männer in die Städte gezogen. Offiziell nach wie vor ein Verbrechen, wurde Prostitution vom Staat unter bestimmten Umständen dennoch toleriert und auch geregelt: Wenn man sich bei der Polizei anmeldete und in einem ebenfalls registrierten Bordell tätig war, beging man keine Straftat. Dennoch fand sich hier eine deutliche Doppelmoral vor: Es herrschte nämlich zugleich die Meinung, dass eine solche Arbeit eine Sünde darstellte und dass „the woman who sold herself was worse than the man who bought her services" (ebd.: 144).

Unter den Adligen konnten sich ebenfalls nur wenige Frauen einer Beschäftigung außerhalb des Familienkreises widmen; einige wenige „inherited large companies" (ebd.: 138) oder „owned a business in the fashion and hospitality sectors" (ebd.), doch der Rest war darauf bedacht, einen Ehepartner zu finden und die Rolle der Hausfrau auszufüllen – v.a. angesichts der Hilflosigkeit auslösenden Tatsache, dass der Adel der Verarmung und der Degeneration ausgeliefert war.

4. Unterwegs in dunklen Alleen: Auf der Suche nach dem Wesen der Frau

4.1 „Ballada" (1938)

In einer Winternacht, zur Zeit der religiösen Feiertage, lauscht der anonyme männliche Ich-Held, von der weiblichen Protagonistin mit „сударь" (Bunin 2006: 16)[3] angeredet, einer als Ballade bezeichneten Geschichte aus ihrem Leben (vgl. 15ff.). „Странница Машенька" (15) heißt seine Gesprächspartnerin, die manchmal auf seinem Anwesen übernachten darf. Gebürtig aus Rjazan', ist sie ein uneheliches Kind gewesen, das seine Mutter gleich nach Geburt verloren hat und seinem Vater nie begegnet ist (vgl. 17). Als Leibeigene hat sie einer Fürstenfamilie zu dienen gehabt, doch auf unerwähnte Weise hat sie sich von ihren Herren lösen können und ein Leben als Pilgerin aufgenommen. Dies ist eine interessante und aufklärende Hintergrundinformation im Zusammenhang mit ihrem Verhalten und dem Verlauf der Geschichte, denn sie wurde einem ‚калика перехожий', auch ‚странник' genannt (vgl. oben: „странница"), nachempfunden: dem Typus eines slavischen Pilgers, welcher zur Gottesfindung eine lange Zeit mit Reisen zugebracht und für gewöhnlich mehrere als heilig geltende Orte in der Fremde aufgesucht hatte (vgl. ÈsBĖ; Lachmann in von Moos 2004: 393). Die Gottessuche war dabei hauptsächlich an den Weg gebunden, ein festes Ziel war nicht unbedingt intendiert, war doch der Aufbruch in die Rast- und Ortslosigkeit (‚странствование') ein „Gottes-Dienst" (ebd.). Wegen eines solchen Lebenslaufs „неимущие [калики] пользовались особым уважением и нередко оставались уже на всю жизнь перехожими просителями милостыни, которою снискивали себе пропитание." (ebd.) Außerdem sangen sie Lieder und erzählten Geschichten religiösen Charakters, die auf ihren Reiseerfahrungen basierten, und „оказывали сильное влияние на религиозные и нравственные представления русского народа." (ebd.)

Als eine solche Pilgerin wird ihre Persönlichkeit durch den zwar häufig vorkommenden, jedoch betont religiösen, ‚urchristlichen' Namen Maria ab-

---
[3] Im Weiteren erfolgt der Beleg aller aus diesem Sammelband stammender Erzählungen nur noch durch Seitenzahlen in runden Klammern.

gerundet. Zusätzliche Akzente werden durch Elemente ihrer Sprache gesetzt, denn Mašen'kas insgesamt einfach gehaltene und ihrer sozialen Abstammung entsprechende Ausdrucksweise ist mit einigen kirchenslavischen Vokabeln und grammatischen Konstruktionen vermengt, z. B.: „,Ночь-то уж грозная стала.' – ,Почему грозная?' – ,А потому, что потаенная, когда лишь **алектор**, петух, по-нашему, да еще **нощной вран**, сова, может не спать."' (18) oder „**Заметивши** такой родительский умысел, решил молодой князь тайком бежать."' (19) – Mašen'kas Lebensführung erklärt die Tatsache, dass sie auf besagtem Anwesen willkommen zu sein scheint und dass der Ich-Held sich von ihrer Ballade einnehmen lässt, denn diese hat legendär-religiöse Züge an sich (vgl. 16ff.). Auffällig ist, dass er (und evtl. auch andere Familienangehörige, die nicht erwähnt werden) den Diminutiv ihres Namens benutzt und sie dadurch zugleich auf seine Weise charakterisiert; dies ist zum einen auf ihre Erscheinung und zum anderen auf das Verhältnis zu ihr zurückzuführen.

Ersteres wird mittels kontrastierender Beschreibungen umgesetzt, da Mašen'ka als „седенькая, сухенькая и дробная, как девочка" (15) vorgestellt wird, die „костляв[ы]е плечик[и] с большой ключицей" (16) sowie „маленькие ноги" (ebd.) hat. Es wird das Bild einer betagten Frau und zugleich eines jungen Mädchens gezeichnet, da ihre Gestalt im (undefinierten, jedoch offenbar hohen) Alter wieder der Form eines Kindes ähnelt, und dies lässt die Pilgerin als kleinen, zerbrechlichen, aber auch gerade deswegen als reizenden Menschen erscheinen. Die Beziehung des Ich-Helden zu ihr fügt ein emotionales Element zur Erklärung der Namensverwendung hinzu, denn er scheint großes Interesse an ihr und ihren Erfahrungen zu haben und ihre Anwesenheit somit sehr zu schätzen. Er beobachtet sie gern, denn er weiß ihr über Verhalten oftmals mit Einbezug vieler aufeinander folgender Handlungsabschnitte und im äußersten Detail zu berichten:

> Придя после ужина из людской в прихожую и сняв с своих маленьких ног в шерстяных чулках валенки, она бесшумно обходила по мягким попонам все эти жаркие, таинственно освещенные комнаты, всюду становилась на колени, крестилась, кланялась перед иконами, а там опять шла в прихожую, садилась на черный ларь, спокон веку стоявший в ней, и вполголоса читала молитвы, псалмы или же просто говорила сама с собой. (15)

Außerdem regt sie ihn durch ihre Art zu erzählen zum aufmerksamen und sogar gespannten Zuhören an:

> „Скажи, кому это ты молилась? Разве есть такой святой – господний волк?" Она опять хотела встать. Я опять удержал ее: „Ах какая ты! А еще говоришь, что не боишься ничего! Я тебя спрашиваю: правда, что есть такой святой?" Она подумала. Потом серьезно ответила: „[...] Раз в церкви написан, стало быть, есть. Я сама его видела-с." – „Как видела? Где? Когда?" (16)

All diesen Beschreibungen ist somit zu entnehmen, dass Mašen'ka nicht etwa in geistiger Hinsicht mit einem Kind gleichgesetzt wird und folglich nicht ernst zu nehmen ist, sondern dass der Diminutiv ihres Namens von einer mit Respekt und Freundschaftlichkeit behafteten und durch ihre kindliche Erscheinung nur noch verstärkten Rührung bzw. Zuneigung zeugt.

Entsprechend ihrer Lebensführung verbringt die Pilgerin die Nächte vor besagten Feiertagen größtenteils mit religiösen Handlungen, d. h.

> она бесшумно обходила [...] все [...] жаркие, таинственно освещенные комнаты, всюду становилась на колени, крестилась, кланялась перед иконами, а там опять шла в прихожую, садилась на черный ларь, спокон веку стоявший в ней, и [, ровно спустив с него маленькие ноги в шерстяных чулках и крестом держа руки на груди,] вполголоса читала молитвы, псалмы. (15f.)

Voll stiller Ehrfurcht sucht sie alle Heiligenbilder auf und erweist ihnen ihren Respekt, bevor sie sich demütig in eine bescheidenere Räumlichkeit („прихожая") zurückzieht und mit andächtiger Stimme (da „вполголоса") ihre Worte an Gott zu richten beginnt. Damit erweckt sie den Eindruck, die pathetisch-religiöse Stimmung im Hause durch ihre Anwesenheit zu ergänzen und ihr Leben einzuhauchen, ohne das Element des Mystischen zu beeinträchtigen. Auch lässt sich sagen, dass sie die Atmosphäre aufrechtzuerhalten weiß:

> В зале что-то слегка треснуло и потом упало [...]. Машенька [...] побежала в зал [...]. Она замяла еще чадивший свечной фитиль, затоптала затлевший ворс попоны и [...] опять зажгла свечу от прочих горевших свечей, воткнутых в серебряные лунки под иконой, и приладила ее в ту, из которой она выпала: перевернула ярким пламенем вниз, покапала в лунку потекшим [...] воском, потом вставила, ловко сняла тонкими пальцами нагар с других свечей и опять соскочила на пол. (16)

Interessant ist in diesem Zusammenhang die Abgeklärtheit, mit der sie auftritt: „,Машенька, не бойся, это я.' Она [...] встала, низко поклонилась:

‚Здравствуйте, сударь. Нет-с, я не боюсь. Чего ж мне бояться теперь? Это в младости глупа была, всего боялась. Темнозрачный бес смущал.'" (16) Das Alter, die damit gewonnene Erfahrung und v. a. der daraus resultierende Glaube scheinen Mašen'kas Bewusstsein in gewisser Weise auf ein Niveau gehoben zu haben, auf dem sie potentiell erschreckenden, gar gefährlichen Situationen des Lebens generell mit Ruhe begegnen kann. Mehr noch: Zuweilen findet sie Gefallen an dem aus ihrer Sicht als wohlig empfundenen Schauer, den beispielsweise ungewisse, gruselige Begebenheiten mit sich bringen können: „Так-то все наши господа говорили, любили эти баллады читать. Я, бывало, слушаю – мороз по голове идет [...]. До чего хорошо, господи!' – ‚Чем хорошо, Машенька?' – ‚Тем и хорошо-с, что сам не знаешь чем. Жутко.'" (18) Hier wird zugleich eine Verbindung zum Titel hergestellt; die Ballade ist das Thema der Erzählung, doch sie dient auch der Charakterisierung Mašen'kas, denn während sie von ihr berichtet, offenbart sie einiges über sich selbst.

Dennoch ist ihr Verhältnis zur Religion, also angeblich der Antriebskraft in ihrem Leben, insgesamt betrachtet recht widersprüchlich. Einerseits zeigt sie eine gewisse Hingabe, indem sie die Nächte mit feierlicher, manchmal fast überschwänglicher Frömmigkeit verbringt: „Ишь как весело затеплилось', сказала она, крестясь и глядя на ожившее золото свечных огоньков. ‚И какой дух-то церковный пошел!'" (ebd.) Auch nennt Mašen'ka die Kirche als höchste Instanz, wenn es darum geht, die Existenz von Letzterer erwähnter Wesen als bewiesen zu betrachten: „Есть же зверь Тигр-Ефрат. Раз в церкви написан, стало быть, есть.'" (16) Ebenso äußert sie den festen Glauben an einen „божий зверь, господень волк'" (ebd.), von welchem die Ballade handelt: Als ein Fürst seinen Sohn hat umbringen wollen, um dessen junge Ehefrau zu verführen, hat ihn ein Wolf angegriffen und tödlich verletzt. Dies hat zu einer Bekehrung des Fürsten geführt, denn „его домой еще живого привезли, и он успел перед смертью покаяться и причастье принять, а в последний свой миг приказал написать того волка в церкви над своей могилой: в назидание [...] всему потомству княжескому.'" (20) Aus der Sicht der Pilgerin hat Gott in diesem Fall durch diesen Wolf gehandelt, und daher bittet sie den Ich-Helden darum, das Ereignis nicht zu verlachen: „Грех, не смейтесь, сударь. [...] У бога всего много.'" (ebd.)

Andererseits werden zwischendurch Momente beschrieben, die eine gewisse Gleichmütigkeit, wenn nicht gar Gleichgültigkeit durchblicken lassen. So betet sie in der vom Ich-Erzähler beschriebenen Nacht ohne die Gefühlsbetontheit, die man ggf. von einer solchen Person erwarten würde: „Она наизусть читала псалмы. ‚Услышь, господи, молитву мою и внемли воплю моему', говорила она **без всякого выражения.**" (15f.) Auch wenn Teile christlicher Liturgien (z. B. Litaneien) für gewöhnlich monoton gesprochen werden und man vermuten könnte, dass es zu der von Bunin beschriebenen Zeit bei Psalmen ähnlich war, erregt Mašen'kas ‚Herunterbeten' Aufmerksamkeit, denn dieser Eindruck verstetigt sich durch weitere Passagen aus der Erzählung. Obwohl sie den Wahrheitsgehalt der Wolfsballade mithilfe der kirchlichen Instanz untermauert und so verteidigt, drückt sie zwischendurch Skepsis ob der Geschichte aus:

> „Да ведь это **дело темное, давнее**, сударь, – **может, баллада одна.** [...] Может, и правда, что жутко, да теперь-то все мило кажется. Ведь когда это было? Уж так-то давно, – все царства-государства прошли, все дубы от древности рассыпались, все могилки сровнялись с землей. Вот [...] это дело, – на дворне его слово в слово сказывали, а правда ли?" (18f.)

Die Geschichte, deren ‚Protagonist', der Wolf, ihr so wichtig scheint, dass sie ihn zum Abschluss ihrer Gebete anspricht, wird von ihr selbst zugleich in offensichtliche Zweifel gezogen, sodass sich eine Inkonsequenz in ihrem Verhältnis zum Glauben bzw. dem Vertrauen in die Wahrheit von Begebenheiten mit religiöser Thematik zeigt.

In dieser Zerrissenheit könnte sich wiederum kunstvoll verarbeitet in gewisser Weise der Zustand des geistlichen bzw. weltanschaulichen Russlands vor 1917 widerspiegeln, der sich u.a. mittels folgender Begriffspaare skizzieren lässt: Staatskirchentum und Glaubensindividualisierung, (Neo-)Konservatismus und Emanzipation (verkörpert durch Liberalismus und Sozialismus) sowie Zentralisation und Machtzerfall. Im zeitgenössischen Sprichwort „Das Herz des Zaren ist in Gottes Hand" (Setzer in Kluge 1989: 55) manifestierte sich die aus byzantinischen Wurzeln gespeiste allerengste Verschmelzung von politischer Machtfülle – in der Figur des Selbstherrschers – und geistlicher Herrschaft im Zarenreich. Das ererbte Prinzip der Überzeugung, dass Kirche und Staat „unterschiedliche Erscheinungsformen ein- und derselben Wirklichkeit" (Bremer 2007: 112) wären, fand seine wirkmächtige Reformulierung unter der Regide Sergej Uvarovs (1786–1855), der im Dienste Zar Nikolaj I. Minister für Volksaufklärung war. ‚Autokratie, Orthodoxie, Volkstum' wurde zum Dreiklang, der sowohl liberalere als auch reaktionärere Phasen in der Entwicklung des russischen Zarenreiches bis zu dessen Sturz maßgeblich zu prägen vermochte (vgl. ebd.: 124).

Ernste Schläge erlitt das uniformierte System jedoch bereits vor den tiefschürfenden revolutionären Erhebungen des Jahres 1905: in der Diversifikation des Glaubens, der sich in einer wachsenden Anzahl religiöser Splittergruppen, aber auch in der öffentlichkeitswirksamen Emanzipation religiöser Überzeugungen der peripheren Völker (bspw. der Katholizismus im zaristischen Polen oder der Islam im Generalgouvernement Turkestan) zeigte. Zudem machten die Spaltung des Bürgertums in ein progressiv-reformistisches und ein staatstreues Lager, das Anwachsen eines urbanen Proletariats und die Verschärfung der sozialen Frage im industrialisierten Gewande ein strukturelles Umdenken notwendig, was staatliche Machtkonzentration und -legitimation, Mitbestimmung sowie staatlich-gesellschaftliche Selbstdefinition anbelangte. Doch weder der Staat noch die Kirche konnten sich den Herausforderungen eines sich industrialisierenden russischen Zarenreiches effektiv stellen.

4.2 „POZDNIJ ČAS" (1938)

Der männliche anonyme Ich-Held dieser Geschichte, ein Pariser Emigrant, sucht eine russische Stadt auf, in welcher er einst vor vielen Jahren gewohnt und die seit Langem verstorbene Liebe seines Lebens kennengelernt hat (vgl. 30ff.). Dieser Umstand ist im Hinblick auf Bunins Biographie und auf viele andere russische Emigranten interessant, denn es handelt sich hierbei um eine für Bunins Zeit typische Erscheinung der russischen Diaspora – mit dem Unterschied bzw. Zusatz, dass der Ich-Held (zumindest zeitweise) nach Russland zurückkehrt, im Gegensatz zu vielen anderen Russen, die entweder im Ausland gestorben waren, ohne die Möglichkeit ab 1946 offiziell wieder ins Heimatland zurückkehren zu dürfen wahrnehmen zu können, oder die aus bestimmten Gründen wie der unüberwindbaren Missbilligung des sowjetischen Staatssystems nicht heimkehren wollten.

Beim Aufsuchen unterschiedlicher Orte werden Erinnerungen aus jener Zeit wachgerufen. In ihnen tritt eine junge Frau auf, deren Name nicht verraten wird – zusammen mit dem Fragmentcharakter ihrer Darstellung, welche in fast impressionistisch anmutenden verbalen Farbstrichen skizziert wird, erzeugt dies jedoch keinesfalls das Gefühl von Distanz, sondern von großer Nähe zu ihr. Die Erinnerungen an sie fallen trotz ihrer Knappheit oder vielleicht sogar gerade durch diese sehr intensiv und emotional aus; die Verwendung des Namens scheint nicht nötig zu sein, da der Ich-Erzähler sie in seinen Gedanken zumeist mit „ты" (31ff.) anspricht; und wenn das Personalpronomen „она" (31ff.) oder seine anderen Deklinationsformen benutzt werden, lässt sich aufgrund der spürbar starken Bindung des Protagonisten an seine ehemalige Geliebte eher vermuten, dass er zu ihrem eigenen Schutz den Mantel der Anonymität über sie legt.

Besagte weibliche Figur ist in einen Schleier der Tragik gehüllt: „Твой отец, твоя мать, твой брат – все пережили тебя, молодую, но в свой срок тоже умерли." (32) Aus unbekannten Gründen jung verstorben, hat sie eine schmerzende Spur im Gedächtnis des Ich-Helden hinterlassen, sodass er durch das eigentliche Ziel seiner Russlandreise ihren Tod zu verarbeiten wünscht, denn der nach so vielen Jahren erste Besuch ihrer letzten Ruhestätte soll ihm Erlösung bringen: „И я пошел – взглянуть и уйти уже навсегда." (33) Denn unvergesslich und im Zusammenhang mit ihrer Unerreichbarkeit quälend ist sie bisher in seinen Gedanken präsent gewesen. Die Erinnerung an ihre Erscheinung ist auf den Ich-Erzähler betörenden Details begründet: „И в тесноте, в толпе, среди тревожного, то жалостливого, то радостного говора отовсюду сбежавшегося простонародья, я слышал запах твоих девичьих волос, шеи, холстинкового платья." (31) Dies ist zur Zeit eines großen Brandes passiert, als er ihr seine Liebe hat gestehen wollen, und an der Art wie er ihren Geruch inmitten der Menge wahrgenommen hat (oder zumindest mithilfe von einer Erinnerung an ihn wahrzunehmen *gemeint* hat), lässt sich erkennen, welch einen prägenden Eindruck sie bei ihm hinterlassen hat (dies lässt sich auch an der Tatsache festmachen, dass er gedanklich immer wieder zu ihr spricht, als würde er zusammen mit ihr ihre gemeinsame Vergangenheit noch einmal aufleben lassen).

Eine andere Passage, die ebenfalls aufgrund der Detailgenauigkeit der Erinnerung an die Frau besticht und Selbiges verdeutlicht, wird bei ihm durch die Umgebung ausgelöst:

> Я шел в тени, ступал по пятнистому тротуару, – он сквозисто устлан был черными шелковыми кружевами. У нее было такое вечернее платье, очень нарядное, длинное и стройное. Оно необыкновенно шло к ее тонкому стану и черным молодым глазам. Она в нем была таинственна. (ebd.)

„Geheimnisvoll" ist im Allgemeinen ein passendes Stichwort für die Darstellung seiner Geliebten, da sie beim Leser durch seine Beschreibung zwar einerseits tiefgehende Eindrücke hinterlässt, doch andererseits wegen des Fragmentcharakters eben dieser bis zu einem gewissen Grad mystifiziert wird – dazu trägt auch das auffällige Fehlen von Zitaten ihrer direkten Rede bei (aufgrund dessen entsteht nahezu der Eindruck, die Person würde schon zu Lebzeiten bis zu einem gewissen Grad wie eine Art Erscheinung bzw. teilweise transzendent anmutendes Wesen dargestellt). Parallel dazu wird allerdings mehrmals ein von natürlicher weiblicher Schönheit zeugendes, realistisches Bild von der Frau gezeichnet (s. auch Zitat oben): „Просто убранные темные волосы, ясный взгляд, легкий загар юного лица, легкое летнее платье, под которым непорочность, крепость и свобода молодого тела..." (32) Diese kontrastierenden Beschreibungen tragen dazu bei, die Besonderheit ihres Wesens auszudrücken, indem sie in ihrer Menschlichkeit auf romantisierende Art verklärt wird.

Des Ich-Erzählers Wahrnehmung des Verhaltens der jungen Frau entspricht der Darstellung ihres Äußeren: „Это во время ночного пожара я впервые поцеловал твою руку и ты сжала в ответ мою – я тебе никогда не забуду этого тайного согласия." (ebd.) Sie wird hier durch Empfindsamkeit ausgezeichnet, welche sie dazu verleitet hat, die Geste ihres zukünftigen Geliebten auf eine schlichte, zugleich effektive und aufgrund der damit vermittelten Nachricht bewegende Weise zu erwidern, d. h. ihm ihre Zuneigung zu versichern. Sie ist sorgsam darauf bedacht gewesen, die nötigen Schritte für die Entwicklung der Beziehung zu unternehmen: „Ты ждала меня в вашем уже подсохшем к осени саду, и я тайком проскользнул в него: тихо отворил калитку, заранее отпертую тобой." (ebd.) In diesem Fall hat es sich um ihre letzte Verabredung gehandelt (der Grund für ihre Trennung wird nicht genannt): „„Если есть будущая жизнь и мы встретимся в ней, я стану там на колени и поцелую твои ноги за все, что ты дала мне на земле."' (33) Interessant ist das Benehmen beider während dieses Treffens sowie ihr Abschied gewesen; ruhig, gar besonnen und betört von der gemeinsam erzeugten Atmosphäre, ist keine Verzweiflung, keine Trauer zu spüren gewesen (vgl. ebd.). Ganz im Gegenteil scheint eine helle Stimmung geherrscht zu haben, die v. a. durch die Präsenz der Frau entstanden ist: „[Я] с радостным испугом встретил блеск твоих ждущих глаз" (ebd.) und „Одно было в мире: легкий сумрак и лучистое мерцание твоих глаз в сумраке." (ebd.) Auch wenn die Umstände der Trennung sowie des unerwarteten Verhaltens der beiden Liebenden unklar sind, wäre zu vermuten, dass das Wesen der Frau besagte Besonnenheit und Ausgeglichenheit aufkommen lässt und so die Möglichkeit gibt, sich auf eine ruhige und nicht traumatisierende Weise voneinander zu verabschieden.

4.3 „RUSJA" (1940)

Die titelgebende Protagonistin wird dem Leser erneut aus der Perspektive einer handelnden Figur dargestellt, bei welcher es sich diesmal um einen personalen Erzähler handelt (vgl. 36ff.). Er wird lediglich als gelehrter „господин" (36) vorgestellt und erzählt seiner Frau während einer Zugfahrt auf ihr Fragen hin von der Schwester eines Jungen, dem er einst „в одной дачной усадьбе"' (ebd.) Privatunterricht gegeben hat. Dort hat er Rusja kennengelernt: eine junge Malerin in der Ausbildung, deren Name vermutlich eine Koseform darstellt und sich von ‚Marusja' (der Verkleinerungsform vom ‚Marija') ableitet (vgl. 37). Wenn man ihre Herkunft bedenkt, ist die Verwendung dieser recht einfachen, bäuerlich anmutenden Namensvariante zunächst etwas überraschend, denn ihr Vater ist ein „отставной военный" (ebd.) und ihre Mutter eine „княжна с восточной кровью"' (ebd.) gewesen. Angesichts der Tatsache, dass sie eine „обедневшая"' (36), zuvor demnach als reich einzustufende Familie gewesen sind, ergibt sie Sinn, und dies wird im Zusammenhang mit Rusjas Person nicht nur durch ihren Namen, sondern auch mittels ihrer Erscheinung treffend ausgedrückt.

Die ersten Adjektive, die ihr Äußeres in Worte fassen, sind „худая, высокая"' (37) und damit in kontrastierender Weise sinnbildlich für den durch ihre Familie angedeuteten Verfall des Adels, an dem auch sie zu leiden gehabt hat – hochgewachsen wie man dem Klischee nach Adlige oft darstellt und abgemagert aufgrund der eingetretenen Verarmung. Auch ihr Kleidungsstil ist entsprechend schlicht oder vielmehr dürftig: „"Носила желтый ситцевый сарафан и крестьянские чуньки на босу ногу, плетенные из какой-то разноцветной шерсти. [...] [В] стиле бедности. Не во что одеться."' (ebd.) Im Kontrast zur Bekleidung stehen wiederum Rusjas körperliche Merkmale, wie sie im Weiteren beschrieben werden. Wegen der Ähnlichkeit mit ihrer Mutter ist sie „живописна, даже иконописна. Длинная черная коса на спине, смуглое лицо с маленькими темными родинками, узкий правильный нос, черные глаза, черные брови... Волосы сухие и жесткие слегка курчавились." (ebd.) Ihre orientalischen Züge haben eine unverkennbar noble Exotik an sich, die vom Erzähler außerdem in apotheotisch anmutender Form verherrlicht wird („иконописна").

Ihr so dargestelltes Äußeres lässt nicht nur an den verfallenden Adel im Allgemeinen, sondern auch an ihr Schicksal im Speziellen denken, denn ihre Mutter duldet ihre Liebe zum Privatlehrer nicht: „"Только через мой труп перешагнет она к тебе! Если сбежит с тобой, в тот же день повешусь, брошусь с крыши! Негодяй, вон из моего дома! Марья Викторовна, выбирайте: мать или он!"' (43) Im Eifersuchtswahn zwingt sie Rusja so dazu, sich für ein Leben „в полуразвалившейся усадьбе" (Volkov 1969: 334) zu entscheiden, da sie von einem verzweifelten Erhaltungsinstinkt angetrieben zu werden scheint und sich dementsprechend gegen alles wehrt, das die Familieneinheit und -idylle zu zerstören droht, welche vom finanziellen Ruin ohnehin stark gefährdet sind (vgl. ebd.). Die junge Frau kann nicht anders antworten als „"Вы, вы, мама..."' (43); die psychologische Gebundenheit an die von ihrer Mutter vertretene Einstellung sowie deren Autorität im Allgemeinen scheinen sie an die Existenz einer verarmten Aristokratin zu fesseln, wie auch nachdrücklich von ihrem Aussehen betont wird. „Подобные настроения владели мелкопоместным дворянством, пришедшим к окончательной разрухе" (1969: 334), kommentiert Volkov das an sich irrational anmutende Benehmen der Fürstin. „А уход из дому детей означал для них бесповоротный и близкий крах." (ebd.) In diesem Zusammenhang ergibt sich entweder zufällig oder absichtlich vom Autor verursacht eine Auffälligkeit: Der Name ‚Rusja' ähnelt phonetisch und orthographisch dem Wort ‚Rus'', also der historischen Bezeichnung des von Slaven bewohnten Territoriums, und dies wäre ggf. ein weiteres Symbol für die Verelendung (sowie den sich daraus ergebenden Zerfall) des alten zaristischen Russland, das von Bunin mit Vorliebe thematisiert wurde.

Abgesehen von dieser gesellschaftlich-historischen Anspielung sind die Beschreibungen von Rusjas Aussehen auch durchaus als eine Hommage an die Schönheit orientalischer Exotik zu betrachten. Der Erzähler weiß das Faszinierende an dieser gezielt wahrzunehmen und sich von ihr einnehmen zu lassen, wenn er z. B. von der „**блестящая** смуглость ее голых ног" (39) spricht oder erwähnt, dass „в сумраке **сказочно** были видны ее черные глаза и черные волосы, обвязанные косой." (41) Dies wird von ihm durch Beobachtungen ergänzt, die eine schlichte und dadurch reizende Natürlichkeit Rusjas vermitteln:

> На теле у нее тоже было много маленьких темных родинок – эта особенность была прелестна. Оттого, что она ходила в мягкой обуви, без каблуков, все тело ее волновалось под желтым сарафаном. Сарафан был широкий, легкий, и в нем так свободно было ее долгому девичьему телу. (38)

Dabei ist Letzteres nicht bloß auf die Armut zurückzuführen (denn ihre Mutter trägt z. B. „черн[ый] шелков[ый] истрепанн[ый] халат[...] и истерты[е] сафьяновы[е] туфл[и]"; 42), sondern es unterstreicht auch Rusjas ungezwungenes, bis zu einem gewissen Grad freidenkerisches Wesen, welches im Weiteren anhand von Beispielen verdeutlicht werden soll.

Der personale Held lernt sie als pflichtbewusste Hausfrau und fleißige Malerin kennen, entdeckt aber auch bald in ihrer Ungewöhnlichkeit sehr charmante Züge an ihr (vgl. 39ff.). Ihre Gebildetheit – die ihr durch die in Kap. 2 erwähnten Bildungsreformen zuteil werden konnten und ihr eine Abwechslung von der Haushaltsarbeit boten – sowie ein wacher Sinn für Humor vereinigen sich in den milde sarkastischen Bemerkungen, mit denen sie ihm mit Vorliebe in Form von kultivierten Flirts begegnet:

> [Она] стояла [...] и посматривала на него с неопределенной усмешкой: „Можно узнать, какие премудрости вы изволите штудировать?" – „Историю французской революции." – „Ах, бог мой! Я и не знала, что у нас в доме оказался революционер!" – „А что ж вы свою живопись забросили?" – „Вот-вот и совсем заброшу. Убедилась в своей бездарности." – „А вы покажите мне что-нибудь из ваших писаний." – „А вы думаете, что вы что-нибудь смыслите в живописи?" – „Вы страшно самолюбивы." – „Есть тот грех..." (39)

Der Mut, ihm auf eine solch aufgeschlossene, freimütige Weise zu begegnen, zeugt zunächst von einem verhältnismäßig hohen Selbstbewusstsein, der durch ihre steigende Zuneigung zum Protagonisten nicht – wie es bei vielen anderen jungen, in der Liebe unerfahrenen Frauen jener Zeit vorstellbar wäre – gemindert wird, sondern sogar noch erhöht zu werden scheint. Dies wird noch deutlicher, als Rusja den ersten entscheidenden Schritt macht und ihm entschieden einen gemeinsamen Ausflug vorschlägt: „Наконец предложила ему однажды покататься по озеру, вдруг решительно сказала: ‚Кажется, дождливый период наших тропических мест кончился. Давайте развлекаться. Душегубка наша [...] довольно гнилая [...], но мы с Петей все дыры забили кугой..." (ebd.)

Nachdem der personale Held eine Blindschleiche beseitigt hat, vor der sie sich gefürchtet hat, zeigt Rusja allerdings noch eine weitere Seite ihres Charakters:

> Впервые заговорила она с ним просто [...]. „Но какой вы молодец! Как вы его здорово стукнули!" Она совсем пришла в себя, улыбнулась и, перебежав с носа на корму, весело села. В своем испуге она поразила его красотой, сейчас он с нежностью подумал: да, она совсем еще девчонка! (40)

Auch wenn der zuvor erwähnte scherzhafte Umgang mit dem Protagonisten auf Selbstbewusstsein schließen lässt, wird durch diese Passage deutlich, dass es sich dabei zugleich auch um eine Art Schutzmechanismus gehandelt haben muss. Mutig genug, mit ihm zu kokettieren, hat sie es dadurch vermieden, auf offenem Wege ihre Gefühle für ihn in Worte zu fassen. Beim Ausflug bekommt sie die Gelegenheit, auf eine einfache und unmaskierte Weise zu zeigen, dass sie seine Gegenwart schätzt und sich mit ihm wohl fühlt („„Мне так хорошо, мне хочется болтать страшные глупости!"; 42) – daher auch die Entfesselung eines fröhlich-unbeschwerten mädchenhaften Verhaltens, das der personale Held mit Erstaunen und Rührung beobachtet. Es steht im Kontrast zu ihrem gespielt dünkelhaften, neckischen Benehmen und ergänzt es gerade dadurch, sodass Rusjas Charakter eine charmant abgerundete Form erhält: „Она сунула с кормы руку в воду и, поймав стебель кувшинки, так рванула его к себе, что завалилась вместе с лодкой [...]. Она захохотала и, упав на корму спиной, брызнула с мокрой руки прямо ему в глаза." (ebd.) Zusammen mit ihrer liebevollen Aufmerksamkeit hinsichtlich der Dinge, an denen sie (wenn auch leicht überhöht, so doch in ihrem Kern sicher ehrlich) in einer Ansprache an den personalen Helden ihre Zuneigung festmacht, stellt es sie als eine außergewöhnlich aufrichtige und hingebungsvolle Liebende dar: „Она тоже держала в руках его картуз, прижимала его к груди, как тогда, в лодке, и говорила, блестя ему в глаза радостными черно-зеркальными глазами: ‚А я так люблю тебя теперь, что мне нет ничего милее даже вот этого запаха внутри картуза, запаха твоей головы и твоего гадкого одеколона!'" (44)

Die mit Entschiedenheit kombinierte Natürlichkeit ihres Verhaltens in Anwesenheit des Protagonisten äußert sich besonders intensiv in der Tatsache, dass sie einen weiteren wichtigen Schritt in der Entwicklung ihrer Beziehung tätigt:

> „Нет, погоди, вчера мы целовались как-то бестолково, теперь я сначала сама поцелую тебя, только тихо, тихо. А ты обними меня... везде..." [...] Она нежно, едва касаясь, целовала его в края губ. Он, с помутившейся головой, кинул ее на корму. Она исступленно обняла его... Полежав в изнеможении, она приподнялась и с улыбкой счастливой усталости и еще не утихшей боли сказала: „Теперь мы муж с женой." (41)

Innerhalb einer kurzen Zeit (am folgenden Tag) bringt Rusja sich und ihren Geliebten dazu, die Distanz zwischen ihnen vollständig zu überwinden, und es ist zu vermuten, dass sie dies v. a. vor dem Hintergrund ihres Schicksals in die Wege leitet. Denn ihre Zukunft wird vermutlich auf eine „одинок[ая] старость в полуразвалившейся усадьбе" (Volkov 1969: 334) hinauslaufen; daher ist vorstellbar, dass auch Verzweiflung eine Rolle bei der Motivation zu einem solchen nicht an gesellschaftliche Konventionen angepassten Vorgehen spielt (wobei die Geltung und Tragweite dieser aufgrund der zugrunde gehenden Adelsschicht ohnehin in Frage zu stellen sind).

4.4 „VIZITNYE KARTOČKI" (1940)

Während einer Schifffahrt im Herbst macht ein 30-jähriger berühmt gewordener Schriftsteller von eigenwilliger Schönheit Bekanntschaft mit einer verarmten Sekretärsgattin mittleren Alters, die zu einer kurzzeitigen Affäre auf den Wellen der Volga führt (vgl. 57ff.). Mehr Informationen erhält der Leser vom als personaler Erzähler fungierenden Protagonisten nicht, obwohl dieser „усвоил себе бесцеремонность с поклонницами" (59) und sie bei einer lockeren Unterhaltung steckbriefartig nach Lebensfakten gefragt hat; auch wenn sie ohne zu zögern „сказала свое имя-отчество" (ebd.), wird nicht einmal ihr Name genannt. Dieses Verhalten des von arroganter Leidenschaft erfüllten Schriftstellers spricht ihr in gewisser Weise ihre Würde ab, was vermutlich im Rahmen seiner betonten Wahrnehmung ihrer materiellen und physischen Armut geschieht (vgl. unten).

Das einzig Substantielle, was man aus ihrem Leben erfährt, ist die lange unglückliche Ehe, die sie aus Leichtsinnigkeit eingegangen ist: „Выскочила по глупости чересчур рано. Не успеешь оглянуться, как жизнь пройдет!'" (59.) Für den nahezu nach ihr gierenden Protagonisten ist das von zentraler Bedeutung, denn es führt im Weiteren zum Bekenntnis: „,А я еще ничего, ничего не испытала в жизни!'" (ebd.) sowie zu einer trotzigen, vorausdeutenden Kundgebung: „И тут она вдруг с усмешкой тряхнула головой: ‚И испытаю!'" (ebd.) Offenbar angetrieben vom unerfüllten Dasein sowie vom nonchalanten Benehmen ihrer unerwarteten berühmten Bekanntschaft, spricht sie sich auf diese Weise Mut zu und scheint sich selbst zu entsprechenden Taten zu motivieren. Dabei ist bereits zu ahnen, dass besagte Taten weit die Grenzen überschreiten werden, die ihr von ihrer aktuellen Lebenssituation diktiert werden, denn es ist eine ihr gesamtes Leben seit der Heirat prägende Verbitterung im Spiel, die ihr alle Hemmungen Schritt für Schritt nimmt: „,А кто ваш муж? Чиновник?' Она махнула ручкой: ‚Ах, очень хороший и добрый, но, к сожалению, совсем не интересный человек… Секретарь нашей земской уездной управы…'" (ebd.) – Die männliche Hauptfigur erkennt aufgrund der verzweifelt-unbefangenen Einstellung seiner Bekanntschaft diese als leicht zu gewinnende Partnerin für eine kurze Reiseaffäre, wobei ihn ihre „развязност[ь], [...] наивность[...] и запоздал[ая] неопытность[...]" (60) in faszinierte Erregung versetzen, die im Weiteren anhand ihres Aussehens und Verhaltens ausführlicher belegt werden.

Die äußere Erscheinung der Protagonistin spiegelt treffend ihre finanzielle Situation wider: „тонкие ноги[... ‚] худые руки, [...] [испитое,] увядшее и оттого еще более трогательное личико, [...] обильные, кое-как убранные темные волосы, которыми она все встряхивала, сняв черную [дешевенькую] шляпку и скинув с плеч, с бумазейного платья серое пальтишко." (57, 60) Ihr abgemagerter, kränklicher Körper trägt ein Kleid aus Barchent, einem kostengünstigen, einfachen Stoff, sowie Mantel und Hut, die schlichte Farben aufweisen und durch den Diminutiv („шляпку", „пальтишко") ‚heruntergestuft' bzw. abgewertet werden – scheinbar stellen sie alle billige Kleidungsstücke dar, die nicht als vollwertig betrachtet werden können und lediglich eine kümmerliche Alternative abgeben. Somit ist ersichtlich, dass die Frau sowohl an Lebensmitteln als auch an Bekleidung sparen muss und sich nur das Minimum leisten kann.

Die unverhoffte Bekanntschaft mit dem Autor hat eine zunehmend erquickende Wirkung auf sie. „Она сперва так смущалась, что все смотрела куда-то вдаль" (59), doch mit seinem lockeren Charme gewinnt er sie schnell für sich und gibt ihr die Möglichkeit, gelassen oder vielmehr *aus*gelassen zu werden, was im Kontrast zu ihrem Erscheinungsbild und Status als verheiratete reife Frau steht: „ответила она неумеренно весело" (58), „ответила она бойко, совсем несоответственно всему своему виду" (ebd.), „Она с радостным усилием встретила его взгляд" (ebd.), „Она кокетливо затопала ногами." (ebd.) Der Überschwang ihrer Heiterkeit erscheint dabei nicht aufgesetzt, sondern wirkt mehr wie der Ausbruch von Emotionen, welche lange auf einen Katalysator gewartet haben. Jugendlich in ihrer Art, haben sie sich vermutlich im Laufe ihres Lebens in ihrem Inneren intensiviert, da ihr Ehemann ihr nie die Gelegenheit geboten hat, sie auszuleben; Lebhaftigkeit, mädchenhafte Verzückung, Koketterie finden nun durch den Autor ein Ventil.

„‚Пойдем лучше водку пить и уху есть[.' ...] ‚Да, да, водки, водки! Чертов холод!' [...] Хотите папиросу?' – ‚Очень!' И она неумело, но отважно закурила, быстро, по-женски затягиваясь." (58f.) – Die Ausgelassenheit der Protagonistin erreicht im Zusammenspiel mit der ihr eigenen „простосердечность[...]" (59) ein Ausmaß, das deutlich von der Loslösung von aller Zurückhaltung und Schüchternheit ihrerseits spricht und zeigt, wie sehnsüchtig, fast gierig sie ihre Arme nach der – wenn auch temporären – Flucht in die persönliche Freiheit ausstreckt. Darin liegt ihr wesentlicher Reiz für den Autor: „Оттого, что все это [...] было в удивительном противоречии с ней, он внутренне волновался все больше." (58) Ermutigt durch die lange angestaute Frustration sowie den Vodkakonsum, flammt leichtsinnige Kühnheit in ihr auf, und sie macht den ersten Schritt in eine

Richtung, die ihr zuvor stets versagt gewesen ist – dabei ist ihr betrunkener Zustand kein Argument dafür, dass ihr Handeln nicht etwa aus freien Stücken sei, da sie die Einnahme von Alkohol willkommengeheißen hat: „Она [...] сама, как опытная обольстительница, поднесла [ручку] к его губам и томно посмотрела на него. ‚Пойдем ко мне...'" (60) Obwohl anzunehmen ist, dass ihre Ehe sie nicht zu Verführungskünsten inspiriert hat, zeigt sich die Protagonistin in ihren Handlungen recht forsch, als ob sie sich diese schon seit Langem gedanklich ‚zurechtgelegt' und nun endlich eine Möglichkeit erhalten hätte, sie ‚auszuprobieren'. „This is her only chance, if even for a few hours, to break the monotony of her unappealing life" (1971: 209), wie Kryzytski die Situation auf den Punkt bringt.

Die übermütige Leidenschaft der Frauenfigur wird zugleich vom Drang begleitet, es ihrem Partner recht zu machen und sich ihm im wahrsten Sinne des Wortes hinzugeben, was aufgrund des Seltenheitswertes der Lage nachvollziehbar ist:

> Она тотчас же, спеша угодить ему и до конца дерзко использовать все то неожиданное счастье, которое вдруг выпало на ее долю [...], расстегнула и стоптала с себя упавшее на пол платье, осталась, стройная, как мальчик, в легонькой сорочке, с голыми плечами и руками и в белых панталончиках, и его мучительно пронзила невинность всего этого. „Все снять?", шепотом спросила она, совсем, как девочка. „Все, все", сказал он [...]. Она покорно и быстро переступила из всего сброшенного на пол белья, осталась вся голая, серо-сиреневая, [...], и победоносно-пьяно взглянула на него, берясь за волосы и вынимая из них шпильки. (61)

Ungeschützt durch Kleidung, frierend und zu allem bereit, ist sie in ihrem Übermut bemitleidenswert, denn wegen ihrer Unerfahrenheit und der verzweifelten Bereitwilligkeit ist sie dem Schriftsteller unterlegen. Trotz des mittleren Alters wirkt sie auf bizarre Weise jungfräulich, sodass die Vergleiche „как мальчик" und „как девочка" benutzt werden, die sie als infantil und unreif in ihrer sexuellen Entwicklung darstellen, sowie das ergänzende Verb „стоптала", welches aus freudiger jugendlicher Erregung resultierende Eifrigkeit bezeichnet. Alle Scham von sich gewiesen, ist die Protagonistin wie berauscht von dem eigens initiierten Ehebruch, und auch wenn

> между планок оконной решетки, косо торчавших вверх, ничего не могло быть видно, [...] она с восторженным ужасом косилась на них, слышала беспечный говор и шаги проходящих по палубе под самым окном, и это еще страшнее увеличивало восторг ее развратности. (ebd.)

Die Tatsache, dass sie auf eine solch aufregende Erfahrung lange hat warten müssen, scheint bei ihr nun umso mehr Begeisterung zu erzeugen und die Leidenschaft besonders hohe Wellen schlagen zu lassen; durch die unerwartete Bekanntschaft nach einer langjährigen Zeit der Tristesse haben die Emotionen ein abnormes Ausmaß angenommen.

Tragisch ist dabei der eigentliche Charakter ihrer Handlungen, den Gorelov als „жалк[ое] падение[...] женщины" (1978: 552) auf den Punkt bringt. Möglicherweise beginnt sie dies im Laufe der Nacht selbst zu spüren, denn „сжав зубы, она лежала с закрытыми глазами и уже со скорбным успокоением на побледневшем и совсем молодом лице." (61) Diese Passage dient als abrundendes Beispiel für Gorelovs Worte: Trotz ihres Familienstands und ihres Alters hat sie die Sehnsüchte ihrer Jugend und somit die Jugend an sich nie wirklich verloren, und in dem Moment, als jene Erfüllung zu finden scheinen, werden sie von Kummer (‚скорбь') durchsetzt (vielleicht da sie unterschwellig merkt, dass der Schriftsteller ihre Verzweiflungstat genießt, denn „он заставил ее испытать то крайнее бесстыдство, которое так не к лицу было ей и потому так возбуждало его жалостью, нежностью, страстью"; ebd.).

Als sie das Schiff verlassen muss, steht sie nur still neben ihm da und läuft ohne ihn noch einmal anzuschauen schließlich von Bord (vgl. ebd.). Ihr Verhalten könnte entweder von dem nun völlig bewusst wahrgenommenen Kummer- und Schamgefühl oder auch im Gegensatz dazu von einer tiefen Trauer darüber, dass sie nun wieder von der Einöde ihres Alltags eingenommen wird, zeugen. Interessant ist in diesem Zusammenhang der Titel der Erzählung und der erklärende Kommentar der Protagonistin:

> „Знаете", сказала она вдруг, „вот мы говорили о мечтах: знаете, о чем я больше всего мечтала гимназисткой? Заказать себе визитные карточки! Мы совсем обеднели тогда, продали остатки имения и переехали в город, и мне совершенно некому было давать их, а как я мечтала! Ужасно глупо..." (60)

Man könnte sagen, dass sich dieser von ihr als albern bezeichnete Wunsch erfüllt und auf die Gegenwart übertragen hat, wenn auch in bitter ironischer Weise: Nun hat sie dennoch eine Möglichkeit bekommen, jemandem ihre ‚Visitenkarte' zu hinterlassen, in Form einer flüchtigen, jedoch vollständigen

Hingabe, auf der Flucht vor dem Grauen ihres hoffnungslos tristen Ehedaseins.

4.5 „ZOJKA I VALERIJA" (1940)

In dieser Erzählung erfolgt eine Kontrastierung zweier weiblicher Protagonistinnen, der beiden Titelheldinnen Zojka Danilevskaja und Valerija Ostrogradskaja. Auf diese Weise wird zugleich die Basis für ihre Charakterisierung gelegt: ‚Zojka' ist eine umgangssprachliche, je nach Kontext auch als grob zu interpretierende Variante von ‚Zoja' und wirkt somit von vornherein unseriös, während ‚Valerija' die formelle Form darstellt und einen gegensätzlichen Eindruck hinterlässt. Beide jungen Frauen werden einzeln betrachtet und analysiert – vor dem Hintergrund der von einem auktorialen Erzähler geschilderten Geschichte um den 24-jährigen Studenten ‚Žorž(ik)' Levickij, der seine Freizeit aus Einsamkeit stets bei einer ihm bekannten Familie verbringt, wobei er die Fähigkeit hat, sich schnell einzuleben und ein Teil von ihr zu werden (vgl. 63ff.).

Die füllige Zojka ist eines der Kinder der Familie Danilevskij, bei welcher Levickij diesmal unterkommt (vgl. 62). „Ей было всего четырнадцать лет, но она уже была очень развита телесно, сзади особенно, хотя еще по-детски были нежны и круглы ее сизые голые колени под короткой шотландской юбочкой." (63) So vorgestellt, entsteht der Eindruck eines frühreifen koketten Mädchens, das durch knappe Kleidung seine kurvenreichen Formen zu betonen weiß, jedoch heißt es im Weiteren: „Год тому назад ее взяли из гимназии, не учили и дома, – Данилевский нашел в ней зачатки какой-то мозговой болезни, – и она жила в беспечном безделье, никогда не скучая. Она так была со всеми ласкова, что даже облизывалась." (63f.) Dies neutralisiert in gewisser Weise die vorherige Beschreibung bzw. erzielt einen Kontrast – körperlich auffällig reif, scheint ihre geistige Entwicklung nicht ausreichend Fortschritte zu machen, sodass sie in der Schule nicht mithalten kann. Doch bei genauerem Hinsehen fällt Letzteres auch an ihrem Aussehen auf: „Она была крутолоба, у нее был наивно-радостный, как будто всегда чему-то удивленный взгляд маслянистых синих глаз и всегда влажные губы." (64) Die Redeweise des Mädchens offenbart dazupassende ergänzende Züge wie kindliche Beharrlichkeit und ungestüme Hyperaktivität: „Зойка приставала к ней с неугомонной настойчивостью: ‚А вы привезли с собой сафьянные сапожки и плахту? Вы наденете их? Вы позволите называть вас Валечкой?'" (65) oder „‚Зоечка, вы одна меня любите, и я вас тоже очень люблю... Но не надо, не надо...' Она пуще забила ногами: ‚Надо, надо, непременно!'" (69)

Trotz dieser recht typischen Merkmale sind bei Zojkas äußerer Erscheinung allerdings vor eben diesem Hintergrund zugleich Elemente eines Mädchens mit normaler geistiger Entwicklung zu beobachten: „При всей полноте ее тела, в нем было грациозное кокетство движений. Красный бант, завязанный в ее орехом переливающихся волосах, делал ее особенно соблазнительной." (64) Sie scheint – auch ungeachtet ihrer Korpulenz – eine reizvolle weibliche Ausstrahlung zu haben, sich dieser bewusst zu sein und sie gezielt einzusetzen, wie dies im Zusammenhang mit Levickij zu beobachten ist: „Она свободно садилась на колени к Левицкому – как бы невинно, ребячески – и, верно, чувствовала, что втайне испытывает он, держа ее полноту, мягкость и тяжесть и отводя глаза от ее голых колен под клетчатой юбочкой." (ebd.) Für intellektuelle Beschäftigungen (Schule) nicht geschaffen, scheint der Grad ihrer geistigen Behinderung dennoch nicht allzu hoch zu sein (es handelt sich laut Dr. Danilevskij, ihrem Vater, noch um „зачатки какой-то мозговой болезни"), sodass sie keine nennenswerte Probleme damit zu haben scheint, sich – wenn auch auf die ihr eigentümliche Weise – in ihrer sozialen Umgebung zurechtzufinden und wohlzufühlen. Dabei setzt sie mit Vorliebe einen besonderen Akzent auf den Einsatz ihrer ausgeprägten weiblichen Reize, wie im Folgenden an ihrem Verhalten gegenüber Levickij deutlich wird.

Sie strebt danach, Levickij für sich zu erobern, und in diesem Vorhaben zeigt sie sich recht gewieft. Strebsam, berechnend und dabei sehr emotional, verfolgt Zojka unaufhaltsam, gar aufdringlich ihr Ziel und „ведет охоту на него" (64), wobei dies aufgrund der ihrem geistigen Stadium eigenen Kindlichkeit und dem Übermut zuweilen Elemente der Komik in sich hat. So spürt sie ihn z. B. im Pferdestall auf und hat keine Scheu, ihn auf unter normalen Umständen als übertrieben dramatische und unanständig betrachtete Weise dazu zu bringen, sie zu küssen:

> Она, упав головой в сено, зарыдала: „Меня что-то страшно укусило там... Посмотрите, посмотрите скорее!" И откинула юбку на спину, сдернула с своего полного тела панталончики: „Что там? Кровь?" – „Да ровно ничего нет, Зоечка!" – „Как нет?", крикнула она, опять зарыдав. „Подуйте, подуйте, мне страшно больно!" И он, дунув, жадно поцеловал несколько раз в нежный холод широкой полноты ее зада. Она вскочила в сумасшедшем восторге, блестя глазами и слезами: „Обманула, обманула, обманула!" (69)

Levickijs Schüchternheit und Passivität sowie seine unweigerlichen Reaktionen auf Zojkas körperliche Reize ermutigen diese dazu, ihn in jeder Hinsicht zu dominieren und sich ihm aufzudrängen:

> Зойка улучала каждую минуту, когда можно было где-нибудь [...] на бегу схватить его за шею и зашептать, блестя глазами и облизывая губы: „Миленький, миленький, миленький!" Она так ловко поймала однажды его губы своим влажным ртом, что он целый день не мог вспомнить ее без сладострастного содрогания. (66f.)

Dabei muss natürlich stets einräumend hinzugefügt werden, dass sie ungleich anderen Frauen abweichende, nämlich freizügigere Vorstellungen von Selbstkontrolle und zwischenmenschlicher Distanz hat und sich daher nahezu uneingeschränkt dem hingibt, was sie bewegt und Leidenschaft in ihr entfacht; in diesem Zusammenhang kann auch angenommen werden, dass Levickij sie nicht nur, jedoch u. a. auch wegen ihrer geistigen Unterentwicklung nicht von sich weisen kann (auch wenn die Hingezogenheit zu ihr sehr bald wieder vergangen ist).

Valerija, die Nichte von Dr. Danilevskij, ist eine Frau gänzlich anderen Kalibers. Dies wird bereits bei der Darlegung ihres Äußeren deutlich:

> Она была очень хороша: крепкая, ладная, с густыми темными волосами, с бархатными бровями, почти сросшимися, с грозными глазами цвета черной крови, с горячим темным румянцем на загорелом лице, с ярким блеском зубов и полными вишневыми губами. Руки у нее были маленькие, но тоже крепкие, ровно загорелые, точно слегка прокопченные. А какие плечи! (65)

Als „настоящая малороссийская красавица" (64) wird sie bezeichnet, und Bunin beschreibt die individuellen Facetten ihres Aussehens ausdrücklich genug, um ihren hervorstechenden Charakter mittels ihres Körpers vorbereitend in Szene zu setzen: Die südländischen Elemente vermitteln v. a. Stärke („крепкая", „прокопченные"), Eigenwilligkeit („почти сросшимися") und brutal anmutende Autorität („с грозными глазами цвета черной крови") bei gleichzeitiger mit sinnlicher Exotik durchtränkter Weiblichkeit („с густыми темными волосами", „и полными вишневыми губами", „Руки у нее были маленькие"). Dabei findet Letzteres in ihrem Kleidungsstil eine intensivierte Fortsetzung: „Как сквозили на [плечах] под тонкой белой блузкой шелковые розовые ленточки, державшие сорочку! Юбка была довольно короткая. [... К]ак полно и тяжело натягивают ее груди прозрачную блузку." (65, 67) Valerijas eigensinnige Freizügigkeit macht sie zu einem Sinnbild der Erotik und damit Verführung.

Ein Charakterzug, den sie mit Zojka teilt, ist Dominanz, jedoch äußert sich diese in Form von rücksichtslosen, manchmal unnötig barschen Imperativen: „Левицкий пошел было туда – Валерия тотчас прогнала его: ‚Тетя одна чистит вишни, извольте идти помогать ей!'" (67), „И, быстро пройдя под ветви ели, порывисто кинула на землю шаль: ‚Иди ко мне!'" (72), „Она увидала у него на коленях Зойку, – какое ей было до этого дело? Но она вдруг бешено сверкнула глазами, крикнула: ‚Не смей, гадкая девчонка, лазить по коленям мужчин!'" (66) Es fällt auf, dass sie solcherlei ‚Befehle' nur an Levickij und Zojka richtet, d. h. zwei Menschen, die ihr eindeutig unterlegen sind, da ihr Charakter es ihnen nicht möglich macht, in entsprechend autoritärem Ton zu reagieren (Zojka strebt zwar danach, ihren Willen durchzusetzen, jedoch ist sie, wie aus der vorherigen Analyse ersichtlich, nicht zu Konflikten aufgelegt). Somit scheint ihr herrisches Verhalten Grenzen zu haben, doch die Menschen, deren innere Schwäche bzw. Schwachpunkte sie spürt, werden von ihr wie selbstverständlich herumkommandiert und für ihre Zwecke ‚eingesetzt'. So nutzt sie Levickijs unvermittelte Verliebtheit in sie, und als er sie vom Bahnhof abholt, „она обращалась с ним уже повелительно, когда он вытаскивал из тележки ее вещи." (64) Danach „она тотчас забыла о нем и потом не замечала его весь день." (ebd.)

Darüber hinaus äußern sich in ihrem Verhalten häufig vorkommende Paradoxa und eine damit zusammenhängende Unberechenbarkeit. „Она то очень много говорила, то неожиданно смолкала, думала что-то свое" (ebd.) oder „когда не было гостей, она перестала менять нарядные блузки, как делала прежде, иногда с утра до вечера ходила в мамином пеньюаре и вид имела брезгливый." (65) Ihre Handlungen erwecken den Eindruck, dass sie sich ihrer Umgebung anpassen und sich adäquat benehmen will, jedoch andererseits recht schnell das Interesse bzw. (falls dieses von vornherein aufgesetzt gewesen ist) die Motivation dazu verliert. Grausam wird dies allerdings im Zusammenhang mit Levickijs Zuneigung zu ihr, als sie sich erlaubt,

> так скоро и безжалостно приблизи[ть] [...] его к себе, сдела[ть] не то своим другом, не то рабом, потом любовником, который должен был довольствоваться редким и всегда неожиданным счастьем только поцелуев, зачем говорила ему то „ты", то „вы", и как у ней хватило жестокости так просто, так легко вдруг перестать даже замечать его в первый же день знакомства с Титовым? (66)

Ihr launisches, rücksichtslos inkonsequentes Verhalten lässt auf Valerijas Gleichgültigkeit gegenüber denjenigen schließen, die für sie nur von oberflächlicher bzw. gar keiner Bedeutung sind, und Levickij, der in dieser Passage seine seelische Qual äußert, bekommt das besonders stark zu spüren. Seine hingebungsvolle Zuneigung zu sich spürend, nutzt die junge Frau ebendiese, um ihn zum Spielzeug ihrer Launen zu machen, und bricht ihm mit ihren Kaprizen (v. a. mit der stets auf die scheinbaren Annäherungen folgenden Ignoranz) schließlich das Herz.

Aus diesem Grunde verspürt Levickij in einem Anflug vom Wahn getriebener Verzweiflung Gefühle, die ihm so zuvor nicht eigen gewesen sind:

> Она [...] с визгом колец жутко летит кверху, исчезает в ветвях и, как подстреленная, стремительно несется вниз, приседая и развевая подол. **Вот бы поймать! Поймать и задушить, изнасиловать!** „Валерия Андреевна! Осторожнее!" Точно не слыша, наддает еще крепче... (70)

Ihr Verhalten weckt in ihm eine erschreckend brutale Rachsucht, die mit seinem für gewöhnlich sanftmütigen Wesen nicht direkt vereinbar ist und darauf hindeutet, wie unbedacht und egoistisch sie mit seiner Liebe zu ihr umgeht. Den Höhepunkt bildet dabei ihre unerwartete Aufforderung, sie nachts in eine Allee zu begleiten (vgl. 71). Dort gibt sie ihm gegenüber sogar offen zu, dass sie sich ihres quälenden Verhaltens bewusst ist: „‚За что, зачем вы так страшно мучите меня?' Она закачала головой: ‚Не знаю. Молчи.'" (72) Die Tatsache, dass Valerija Levickij *gezielt* peinigt und dafür nicht einmal einen formulierbaren Grund zu nennen weiß, lässt sie unheimlich, zugleich absurd und insgesamt manisch wirken. Immens schwankenden Instinkten folgend, schläft sie mit ihm und „тотчас вслед за последней минутой [...] резко и гадливо оттолкнула его и осталась лежать, как была, только опустила поднятые и раскинутые колени и уронила руки вдоль тела." (ebd.) Damit nimmt sie Levickij allen Selbstwert und beweist ein weiteres Mal ihre Gleichgültigkeit gegenüber dem Wert des Menschen sowie die zuvor angedeutete Brutalität, mit der sie diese umzusetzen weiß (der Student hält dies dementsprechend nicht aus und begeht Selbstmord). Zugleich entsteht allerdings auch der Eindruck, dass sie bei all diesen widersprüchlichen Handlungen ständig auf der Suche nach sich selbst ist, nach Entscheidungen, wie sie sich verhalten soll und was sie will; ein solches Verhalten lässt Valerija in gewisser Weise ggf. ebenso leicht geistig krank anmuten wie es bei Zojka der Fall ist, wenn auch in einer subtileren Form.

4.6 „Tanja" (1940)

Ein auktorialer Erzähler berichtet von Petr Nikolaevič, einem rastlosen Lebemann, und seiner Beziehung zur Titelheldin (vgl. 73ff.). Er geht mit ihr eine Liebschaft ein, die ihn letzten Endes nicht zu halten weiß, sodass er nach Moskau fährt und Tanja nur ein paar Mal im Jahr besucht; nachdem er jedoch entschieden hat, sie nach seinem nächsten Besuch mit sich zu nehmen, stirbt er im Zuge der Oktoberrevolution bzw. des Bürgerkriegs. Die siebzehnjährige Tanja hat einen armen Vater, arbeitet bei einer Verwandten von Petr als Zimmermädchen und ist somit eine junge Frau aus einfachen Verhältnissen, und die Durchschnittlichkeit ihres Charakters sowie die Mangelhaftigkeit des Bildungsstandes („Посмотрела на часы на столике и не сразу ответила – до сих пор не сразу разбирает, который час"; 81) werden auch von ihrer äußeren Erscheinung widergespiegelt: „Ее простое личико было только миловидно, а серые крестьянские глаза прекрасны только молодостью." (73) Auf diesen Satz am Anfang der Erzählung wird das Aussehen Tanjas reduziert, offenbar um den Eindruck zu hinterlassen, dass es darüber außer dem Segen der Jugend nichts weiter zu erzählen gibt. Zugleich entsteht ein Paradoxon, da einem an sich zunächst nicht als in irgendeiner Hinsicht besonders hervorgehobenen Menschen der Titel gewidmet wird. Außerdem beginnt der erste Satz des Werks mit „Она" (ebd.), und der darauf folgende Absatz stellt u. a. eine Kurzvorstellung der Figur dar. Das etabliert nicht nur Tanjas Status einer Protagonistin, sondern macht sie zum Hauptthema des Erzählten und weist damit indirekt darauf hin, dass auch eine augenscheinlich unscheinbare Person wie sie interessant zu betrachten ist.

Petr verbringt mit ihr die Nacht, in der Annahme, dass sie damit einverstanden ist; allerdings bildet er sich das aufgrund ihrer subtilen Bewegungen und vermutlich auch der eigenen Berauschtheit nur ein, denn sie schläft und bemerkt erst am Ende, immer noch „в полусне" (75), was passiert ist. Obwohl Tanja sich dessen somit nicht bewusst gewesen ist und zunächst weinend darauf reagiert, wird dieses Ereignis für sie prägend und bestimmt ihr darauf folgendes Denken und Handeln: „Она скоро примирилась с тем роковым, удивительным, что как-то вдруг случилось с ней [...], несколько дней плакала, но с каждым днем все больше убеждалась, что случилось не горе, а счастье, что становится он ей все милее и дороже." (73) Zuerst dominiert der Instinkt, sich dagegen zu wehren, selbst wenn es nur passiv durch Weinen geschieht, doch dann redet sie sich ein, dass in diesem ungewollten Beischlaf ihr Glück liegt – einerseits mag dies an der Unterwürfigkeit der Frau gegenüber dem Mann liegen, die auch im auslaufenden Zarenreich den Großteil der Frauen auf dem Lande prägte, andererseits könnte es auch auf ihren Charakter zurückzuführen sein, denn sie ist als ungebildete Frau nicht in der Lage, ihren Selbstwert und die damit einhergehenden Anliegen zu erkennen, sodass sie kein Argument gegen die Quasivergewaltigung vorzubringen weiß. Dafür spricht auch, dass Tanja davon „как об их **общем** заветном прошлом" (ebd.) spricht, obwohl von „gemeinsam" nicht direkt die Rede sein kann, da sie dabei bewusst- und damit willenlos gewesen ist.

Die sich Schritt für Schritt verringernde Distanz zu Petr beflügelt Tanja und scheint ihrem Leben einen Fixpunkt, gar einen Sinn zu verleihen: „Она служила теперь уже по-прежнему, скоро и заботливо, опять стала вихрем носиться через двор в кухню [...] и порой, улучив удобную минуту, тайком бросала на него взгляды уже смущенно-радостные." (76) Dies ist verständlich, denn ihr eintöniges Leben als Dienstmädchen aus armen Verhältnissen ist nicht mit den Erfahrungen zu vergleichen, die sie in der sich anbahnenden Beziehung macht – als junge Frau sieht Tanja einen großen Reiz darin, dass sich ein Mann – höheren Standes – für sie interessiert. Daher entsteht auch der Wunsch, sich ihm u. a. auch auf sozialer

Ebene so weit wie möglich ‚anzunähern' oder vielmehr zumindest einen solchen Eindruck zu erwecken:

> ‚Я из города, я наряжена и так хороша, как он и представить себе не мог, видя меня всегда только в старой юбчонке, в ситцевой бедной кофточке, у меня лицо, как у модистки, под этим шелковым белым платочком, я в новом парусном коричневом платье под суконной жакеткой, на мне белые бумажные чулки и новые полсапожки с медными подкопками!' [...] Вся замирая от радостного страха, [...] она [...] вошла в шарабан и села рядом с ним, будто равная ему. (78)

Sie findet sich in einer Situation wieder, die sich aus ihrer Sicht traumhaft zusammengefügt hat, und fühlt sich zum ersten Mal wie jemand, der seiner würdig ist und sich mit ihm sehen lassen kann (auch wenn ihre Handlungen einen furchtsamen Anstrich haben, der vermutlich damit zusammenhängt, dass sie ihr Glück noch immer nicht recht fassen kann). Frei nach dem Sprichwort „Kleider machen Leute" lässt sich darin ein temporärer Ausbruch aus ihrer sozialen Abstammung erkennen, der durch die Bindung an Petr seine Vervollkommnung findet. Tanja sieht ihr Leben ausschließlich durch diese bestimmt und somit erfüllt, im Folgenden „навеки отдавая ему не только все свое тело, теперь уже полную собственность его, но и всю свою душу." (ebd.)

Aufgrund dieser ausgeprägten Abhängigkeit von ihm bilden sich zwei Extreme, die ihr Verhalten dominieren und im Laufe der Zeit zu einem fatalen Verzweiflungsgefühl führen. Einerseits blüht sie innerlich auf, fühlt sich befreit und genießt das Glück der unerwarteten Partnerschaft, des ‚Rechts' auf die Beziehung zu Petr:

> Она вся изменилась [...], сделалась ровна, беззаботно-счастлива, уже легко называла его Петрушей и порой даже притворялась, будто он докучает ей своими поцелуями [...] – и это доставляло ей особенную радость: ‚значит, он любит меня, значит, он совсем мой, если я могу говорить с ним так!' (79)

Der Austausch von Gesten und Worten der Zuneigung sowie all das, was zu ihrer beider Zusammensein gehört, prägt von nun an Tanjas Leben und macht sie zu einem neuen Menschen. Doch zugleich erschüttert auch nur der Gedanke an die Beeinträchtigung dieser heilen Welt die junge Frau zutiefst und nagt dauerhaft an ihr, z. B.: „И еще было счастье: высказывать ему свою ревность [...]: ‚Слава Богу, нету никаких работ на гумне, а то, были бы девки, я бы вам показала, как ходить к ним!', говорила она."

(ebd.) Und Wochen später: „Когда он пришел домой, она стояла в прихожей [...] и тотчас сказала вполголоса: ‚Это вы, верно, на деревню ходили, там девки картошки перебирают... Что ж, гуляйте, гуляйте, высматривайте себе какую получше!' И, сдерживая слезы, выскочила в сенцы." (79f.) Obwohl Petr kein ihm vorgeworfenes Interesse an anderen Frauen hat, ist es das Erste, woran Tanja denken muss, als er von einem Spaziergang zurückkommt. Sie ist von einer Besessenheit ergriffen, die sie bei all dem Glück, das sie spürt, gleichzeitig in die nahezu panisch anmutende Angst versetzt, ihn zu verlieren.

Allerdings gibt ihr die Liebe zu ihm zugleich eine Art neu entdecktes Eigenwertgefühl: „‚Никто в жизни не будет так любить вас. Вот вы в меня влюбились, а я будто и сама в себя влюбилась, не нарадуюсь на себя... А если вы меня бросите...'" (82) In Petr sieht Tanja die Möglichkeit, eine Selbsterkenntnis zu erfahren, jedoch ist dies nur bedingt als innerer Progress zu verzeichnen, denn besagtes Eigenwertgefühl steht und fällt mit der Beziehung zu ihrem Geliebten, sodass sie nur durch seine Zuneigung zu sich Selbstbestätigung spürt und ein Selbstbewusstsein aufbauen kann. Mit anderen Worten, Petr hat einen unnatürlich großen Einfluss auf die Entwicklung ihrer Persönlichkeit, sodass Tanjas Freude an sich selbst und das gefundene Selbstbewusstsein genau genommen nur eine übernommene Bewertung ihrer selbst sind und primär nicht von ihr persönlich abhängen. In der Befürchtung, diese Gefühle zu verlieren (da sie sich offenbar nicht dazu imstande sieht, sie selbst aufzubauen), versucht die junge Frau, Petr an sich zu binden (s. letztes Zitat und z. B.: „‚И эта рубашонка...' – ‚А вы купите мне миткалевую... Верно, вы правда меня очень любите?'"; 83).

Die Trennung von ihm zersetzt Tanja innerlich, und im Laufe der Zeit schließt sie mit sich selbst ab: „Конец, никого мне больше не нужно, ничего не желаю я ждать! – и пошла [...] по гостиной [...] с облегчением конченой жизни. [...] Она вошла в кабинет, увидала его пустую тахту [...] и упала в кресло [...] рыдая и крича: ‚Царица Небесная, пошли мне смерть!'" (85) Ohne Petr fühlt sie sich unvollkommen und kann nicht ausreichend Selbstgenügsamkeit aufbringen, um sich vor dieser Verzweiflung zu bewahren. Das spiegelt sich auch in ihrem Äußeren wider, denn sie magert ab und sieht kränklich aus, sodass ihr letzten Endes sogar die als einzige markante Eigenschaft angedeutete Frische der Jugend abhanden kommt. Petr kommt nach ein paar Monaten wieder zu Besuch, doch sie hat Schwierigkeiten, sich an dem Zusammentreffen zu erfreuen und daraus erneut Kraft zu gewinnen:

> „А ведь вы меня больше не любите, даром погубили", – спокойно сказала она. „Почему же даром? Не говори глупостей." – „Грех вам будет. Куда ж я теперь денусь?" – „А зачем тебе куда-нибудь деваться?" – „Вот вы опять, опять уедете в эту свою Москву, а что ж я одна тут буду делать!" – „Да все то же, что и прежде делала. А потом – ведь я тебе твердо сказал: на Святой на целое лето приеду." (86f.)

Einerseits ist das angesichts von Petrs taktlosen Reaktionen nachvollziehbar, da er (trotz seiner aufrichtigen Zuneigung zu ihr) ihrer Misere nicht adäquat zu begegnen weiß. Andererseits gibt Tanja ihm die alleinige Schuld für ihren geistigen und körperlichen Zustand, da sie nicht fähig ist zu erkennen, dass sie ihr persönliches Glück und ihre innere Harmonie fälschlicherweise ausschließlich von ihm abhängig macht und somit zuviel von ihm erwartet, ohne zu versuchen, selbst an ihrem Innenleben zu arbeiten.

4.7 „V PARIŽE" (1940)

Die Figuren dieser Erzählung sind eine Hommage an russische Emigranten, die Zuflucht in Frankreich gefunden haben. und dort ein höchst tragisches Dasein fristeten, da viele von ihnen sich im Ausland ähnlich isoliert fühlten wie zuvor in ihrer Heimat. Um 1934 herum war eine Kontaktaufnahme mit der Sowjetunion nahezu unmöglich, da die Regierung ihr Land von der Außenwelt abschottete, und im Westen nahm man sie häufig nicht ernst (vgl. Marullo 2002: 6f.):

> With anger and contempt, Western liberals often dismissed exiles as spoiled princes and generals, as exemplars of Russian 'barbarism' and the incomprehensible 'Slavic soul,' and as folk oppressors who richly deserved their disfranchised fate. If Russian exiles gained anything in their time abroad, it was in their status as an enigma to the West. To their host peoples, they were little more than caricatures of 'nostalgia, fatalism, and balalaikas' who dressed in 'crimson shirts,' performed 'frenzied dances,' and sang 'lugubrious songs of the Volga'. (ebd.: 7)

Kein Kontakt zur Heimat und der schrittweise Verlust der russischen Kultur und Mentalität aufgrund der Tatsache, dass ihre Kinder entweder noch sehr jung bzw. traumatisiert waren oder erst im Ausland geboren wurden und somit keine Identifikation mit ihrer Nationalität spürten (vgl. ebd.: 8-9). So entstanden Fragen wie 'Why are we here?' and 'What have we achieved?' [They] became the new *prokliatye voprosy* [...] that not only obsessed their minds and hearts but haunted them with their lack of action or answers" (ebd.: 10). Enttäuschung, Machtlosigkeit und Einsamkeit waren die Folgen, die in dieser Erzählung mittels der Hauptfiguren in gewissem Maße vermittelt oder zumindest angedeutet werden.

Der einstige General Nikolaj Platonyč sowie die Kellnerin Ol'ga Aleksandrovna werden mittels auktorialer Erzählweise vorgestellt: Er, ein von der Trennung von seiner Frau traumatisierter Pariser, lernt sie bezeichnenderweise in einer russischen Kantine der Hauptstadt kennen (vgl. 88ff.). Von der Einsamkeit geplagt und den jeweils anderen als sympathisch erachtend, finden sie schnell zueinander, doch ihr gemeinsames Glück währt nicht einmal ein halbes Jahr, da Nikolaj aus nicht dargelegten Gründen verstirbt. Die Beziehung zu Ol'ga füllt seine letzten Lebensmonate allerdings mit großer Freude. Sie ist eine ca. dreißigjährige Frau, die in Paris zuerst als Verkäuferin gearbeitet hat, bevor sie aufgrund der Kürzung ihrer Stelle zur Kellnerin ‚herabgestuft' worden ist (vgl. 91). Ihr Ehemann, ein ehemaliger Teilnehmer der Weißen Bewegung, ist beruflich in Jugoslawien tätig, sodass sie, zumal sie kinderlos ist, in einem Pariser Hotel ein einsames Dasein fristet.

Ol'gas äußere Erscheinung steht teilweise im Kontrast zum „белый передник с прошивками на черном платье." (90) Die schwarzen Haare mittig gescheitelt und zu einem Zopf gebunden, der auf dem Kopf zusammengerollt ist, hat sie passend dazu dunkle Augen,

> руки у нее были очень белые и благородной формы[, ...] красиво выда[вались] под [передником] груди сильной молодой женщины... полные губы не накрашены, но свежи, на голове просто свернутая черная коса, но кожа на белой руке холеная, ногти блестящие и чуть розовые, – виден маникюр... [Она] ровно держалась. (89f.)

Ordentlichkeit, Disziplin, Schlichtheit sind mit anmutiger, nobler Schönheit kombiniert, und obwohl sie – nach den Maßstäben ihrer Zeit – nicht mehr zu den Jüngsten gehört, hat Ol'ga die jugendliche Ausstrahlung einer Frau in der Blüte ihrer Entwicklung. Gerade diese Aspekte ihres Aussehens lassen eine gewisse Ironie aufkommen, denn das Leben der Protagonistin erscheint ‚unbenutzt', gar ‚vergeudet', wenn man sie vor dem Hintergrund ihrer (bekannten) biographischen Fakten betrachtet: allein, zu trivialer Arbeit gezwungen und ohne eine stabile Bleibe, ist es für sie schwer, eine Quelle der Lebensfreude zu finden. Dennoch – und dies adelt sie noch mehr – schafft sie es, anderen professionell, mit höflicher Ruhe und Würde zu begegnen, und erweckt nicht den Anschein, in solch frustrierenden Umständen zu leben: „‚Bonsoir, monsieur', – сказала она приятным голосом" (89) oder „‚Водочки желаете?' – ‚Охотно. Сырость на дворе ужасная.' – ‚Закусить что прикажете? Есть чудная дунайская сельдь, красная икра недавней получки, коркуновские огурчики малосольные...'" (90) Wahrscheinlich hilft ihr dabei u. a. eine nicht taktlose, jedoch in nötigen Dosierungen auftretende Gleichmütigkeit, welche sie davor bewahrt, ihre wahren Gefühle die Kontrolle ergreifen zu lassen: „Он увидал безучастно-вежливо подходящую женщину" (89), „‚L'eau gate le vin comme la charette le chemin et la femme – l'ame.⁴' – ‚Хорошего же вы мнения о нас!', безразлично ответила она и пошла за водкой и селедкой." (90)

Abgesehen von dieser Verbitterung gegenüber Frauen hinterlässt Nikolaj bei ihr einen angenehmen Eindruck, und dank eines unaufdringlich und mit höflicher Schlichtheit ausgedrückten Interesses an ihm (das von ihm gleichermaßen erwidert wird) finden sie schnell zueinander. Handlungen und Äußerungen wie die folgenden sind zwar bewusst, jedoch zugleich ohne hinterhältiges Kalkül gesetzt und haben daher eine deutliche, einladende Natürlichkeit an sich: „Она пошла к нему с легкой улыбкой, уже как к знакомому: ‚Добрый вечер. Приятно, что вам у нас понравилось.'" (91), „‚Завтра вы, очевидно, не придете?' – ‚Нет, еду за город, к знакомым. А почему вы спрашиваете?' – ‚Не знаю... Это странно, но я уж как-то привыкла к вам.'" (92) oder „‚Раскроешь окно – ни души нигде, совсем мертвый город, Бог знает где-то внизу один фонарь под дождем... А вы, конечно, холостой и тоже в отеле живете?'" (93) – Ol'ga begegnet Nikolaj mit der Reife eines intelligenten und überdies durch viele Lebenserfahrungen geprägten Menschen, der nicht leichtfertige Neugier zum Instrument des aus Einsamkeit resultierenden Kummers macht, um

---

⁴ „Вода портит вино так же, как повозка дорогу и как женщина душу.'" (90)

sich dem Nächstbesten ‚an den Hals zu werfen'; sie scheint vielmehr zu spüren, dass sie auf einen Seelenverwandten getroffen ist, und trägt ihren Teil dazu bei, eine Atmosphäre angemessener, jedoch zugleich annähernder Offenheit zu erzeugen, die dazu führt, dass Nikolaj „был [...] растроган" (92). Er sieht in ihr einen wenn auch späten, so doch vielversprechenden Hoffnungsfunken und benimmt sich ihr gegenüber „благодарно" (ebd.) und „радостно" (93).

Besagte Offenheit gibt ihr bei einem gemeinsamen Kinobesuch die Möglichkeit, sich aus den Zwängen der Kellneruniform zu befreien und eine andere Seite von sich zu zeigen, die ihrem Wesen weitaus mehr entspricht:

> Нарядно и модно одетая, она свободно, не так, как в столовой, подняла на него черно-подведенные глаза, дамским движением подала руку, на которой висел зонтик, подхватив другой подол длинного вечернего платья. [...] Карету сильно качнуло, внутренность ее на мгновение осветил фонарь, – он невольно поддержал ее за талию, почувствовал запах пудры от ее щеки, увидал ее крупные колени под вечерним черным платьем, блеск черного глаза и полные в красной помаде губы: совсем другая женщина сидела теперь возле него. (ebd.)

Ol'ga bekommt vermutlich nicht oft die Gelegenheit, sich wie eine Dame zu kleiden und sich somit über ihr aufgezwungenes Dasein als Kellnerin hinwegzusetzen. Ihre Bewegungen, Blicke sowie natürlich nicht zuletzt ihr edles, durch den Schwarz-Rot-Kontrast (Kleid, Augen und Lippenstift) erotisch angehauchtes Aussehen lassen sie in einem ganz anderen Licht erstrahlen und bewirken eine Metamorphose. Die Eigenschaften, welche sie zuvor bereits in gemäßigter bzw. leicht kaschierter Form offenbart hat, treten nun vollständig zutage und lassen in ihr die Aristokratin aufleben.

Da sie einander auf Anhieb sympathisch gewesen sind und ausgehend von ihrer beider Einsamkeit eine Verbindung zueinander haben bauen können, weiß Ol'ga, dass sie jemanden neben sich hat, der ihr sehr zugetan ist und ihr einen potentiellen Ausweg aus ihrer Situation bietet. Dennoch bleibt sie in ihren weiteren Annäherungsschritten gemäßigt und überschreitet keine Grenzen. Taktvoll verarbeitet sie mit Nikolaj im Kino ihr gemeinsames Schicksal:

> Она долго молчала. [...] „Да, вам, верно, очень одиноко", сказала она. „Да. Но что ж, надо терпеть. Patience – medecine des pauvres.⁵" – „Очень груст-

---

[5] „'Терпенье – медицина бедных.'" (94)

ная medecine." [...] „Бедный!", сказала она, сжав его руку. И они долго сидели так, рука с рукой, соединенные сумраком, близостью мест. (94)

All ihre Fragen und Kommentare sind gezielt, doch in ihnen klingt nie eine eigennützige Absicht durch, sondern vielmehr der Wunsch, etwas ihr Nahestehendes zu erfahren und zu teilen – und sich in dieser ‚gemeinsamen Einsamkeit' tröstend vereint zu wissen. Nach dem Kinobesuch „он [...] отвернул край ее перчатки и продолжительно поцеловал руку. Она посмотрела на него тоже странно искрящимися глазами [...] и любовно-грустно потянулась к нему лицом, полными, с сладким помадным вкусом губами." (95) Die hier durchklingende sanfte Melancholie betont die Absichten der Protagonistin; auf der Suche nach Trost und dem langersehnten Versprechen eines erfüllten Lebens fasst sie diese Sehnsucht in ihre sich entwickelnde Zuneigung zu Nikolaj und das daraus resultierende Mitgefühl sowie Fürsorgebedürfnis ein und lässt sie (die Sehnsucht) so nicht eigensüchtig erscheinen.

Allerdings kann durchaus angemerkt werden, dass bei all der dabei vermittelten Ruhe und Harmonie auch ein Hauch Verzweiflung zu spüren ist, denn die Ereignisse führen innerhalb von fünf Tagen hin zu einer Liebesbeziehung, die den Charakter einer (fortgeschrittenen) Ehe innehat:

„Я пойду разденусь и помоюсь. И спать, спать. Мы не дети, вы, я думаю, отлично знали, что раз я согласилась ехать к вам... И вообще, зачем нам расставаться?" [...] Накинув купальный халат, не закрыв налитые груди, белый сильный живот и белые тугие бедра, подошла и как жена обняла его. [...] Через день, оставив службу, она переехала к нему. (96)

Reif, ausgeglichen und bedächtig in ihrer Art, erscheint Ol'gas Verhalten zugleich aufgrund der schnellen Überwindung jeglicher Distanz zwischen ihr und Nikolaj etwas grotesk, und hierin äußert sich letzten Endes der verzweifelte Wesenszug in ihrem Auftreten; nach zunächst gemäßigten Handlungen zögert sie nun nicht, den erkämpften Lichtblick mit Entschiedenheit einzufangen. Ihr wird fast eine indirekte bitter ironische Prophetenfunktion zugeteilt, denn nach einem knappen halben Jahr verstirbt Nikolaj, und sein unerwarteter Tod traumatisiert sie zutiefst: „В коридоре, в плакаре, увидала его давнюю летнюю шинель, серую, на красной подкладке. Она сняла ее с вешалки, прижала к лицу и, прижимая, села на пол, вся дергаясь от рыданий и вскрикивая, моля кого-то о пощаде." (97) Als ob Ol'ga geahnt hätte, dass sie keine Zeit ‚verschwenden' darf, hat sie ihre gemeinsame Zeit mit Nikolaj vollends ausgeschöpft, und die Tatsache, dass sie so viele Jahre auf ihr Glück hat warten müssen, ist dabei sicherlich die entscheidende Motivation gewesen.

4.8 „GALJA GANSKAJA" (1940)

Aus der Sicht eines als personaler Erzähler fungierenden anonymen Malers erfährt der Leser in dieser Geschichte von dessen Liebesbeziehung mit der Titelheldin (vgl. 97ff.). Er lernt sie als jungen Teenager kennen und begegnet ihr danach im Abstand von zwei Jahren, einem sowie einem halben Jahr in Odessa. Aufgrund von Galjas Unfähigkeit, Herrin ihrer Emotionen zu werden, endet die Beziehung für sie mit einem dramatischen Selbstmord. Die junge Frau ist Tochter eines wohlhabenden polnisch-ukrainischen Amateurmalers, der von seiner Frau verlassen worden ist (vgl. 98). Das Auffällige an der ihr gewidmeten Erzählung ist die Tatsache, dass es sich um eine Art belletristisch stilisierte biographische Darstellung ihres Lebens handelt; dies beginnt bereits beim Titel, der fast wie der Anfang eines Steckbriefes klingt, da sowohl Vor- als auch Nachname genannt werden (und die Alliteration betont noch umso mehr und fast auf eine leicht übertriebene Weise die eindeutige Hervorhebung der Protagonistin und den Vorrang ihres Schicksals vor dem Rest der Geschichte). Danach wird Galja an wichtigen Lebensstationen beschrieben, erst mit 13-14, (nach zwei Jahren) 15-16, (nach einem weiteren Jahr) 16-17 und (nach einem halben Jahr) ca. 16-18 Jahren. Mit Volkovs Worten „это своего рода психологический и художественный портрет, передающий духовное и физиологическое формирование молоденькой девушки, ее страстной натуры, [...] переживающей, ко всему, пору созревания." (1969: 359)

Besagtes leidenschaftliches Wesen, das durch die aufwallenden Hormone der Jugend in seinem Temperament intensiviert wird, erfährt schon zu Beginn der Vorstellung Galjas durch eine Äußerung ihres Vaters eine prophetische Kommentierung: „Отец однажды сказал нам, когда она вбежала зачем-то к нему в мастерскую, что-то шепнула ему в ухо и тотчас выскочила вон: ‚Ой, ой, что за девчонка растет у меня, друзья мои! Боюсь я за нее!'" (98) Denn auch wenn die im Alter von 13-14 Jahren

‚harmlos' als liebreizend beschriebene und mit einem Engel verglichene Galja die Aufmerksamkeit auf sich lenkt, zeigt sich bei ihr bereits die mädchenhaft kokette Lebhaftigkeit, welche die Grundlage für das verführerische Element ihrer späteren Verhaltensweise bildet: „Мила, резва, грациозна была она на редкость, личико с русыми локонами вдоль щек, как у ангела, но так кокетлива." (ebd.)

Das nächste Mal trifft der Maler sie im Alter von 15-16 Jahren, und die „удивительно хорошенькая тоненькая девушка во всем новеньком, светло-сером, весеннем" (99) hat in ihrer physischen und psychischen Entwicklung eine weitere Stufe erklommen, denn aus dem Kind ist eine heranreifende junge Frau geworden: „Личико под серой шляпкой наполовину закрыто пепельной вуалькой, и сквозь нее сияют аквамариновые глаза." (ebd.) Die hellen bzw. aschefarbenen Grautöne ihrer Kleidung sind in ihrer Art gemäßigt und seriös zugleich. Sie erregen nicht in übermäßiger Weise Aufmerksamkeit, haben sogar beinahe einen eher verhüllenden Effekt, aber dennoch hat ihre schlichte Helligkeit etwas Anziehendes an sich; sie kündigt gewissermaßen die sich (noch) entfaltende Attraktivität einer heranwachsenden jungen Dame an und gibt dieser dabei die Möglichkeit, in dezenter und gerade dadurch effektiver Weise hervorzustechen (vgl. das Leuchten der aufgrund des durch die Kleidung erzeugten Kontrasts aquamarinfarben erscheinenden Augen).

Mit einer entsprechenden, zumal auf der generellen Lebhaftigkeit ihres Wesens basierenden Leichtigkeit verhält Galja sich gegenüber dem Maler:

> Тотчас купил ей [...] букетик фиалок, она с быстрой благодарной улыбкой глазами тотчас, как полагается у всех женщин, сует его к лицу себе. „Хотите присядем, хотите шоколаду?" – „С удовольствием." – Подняла вуальку, пьет шоколад, празднично поглядывает и все расспрашивает о Париже, а я все гляжу на нее. – „Папа работает с утра до вечера, а вы много работаете или все парижанками увлекаетесь?" (ebd.)

Mit der typischen Frische und dem Lebensenthusiasmus der Jugend begegnet sie dem alten Bekannten und offenbart angeeignete Damengesten (vgl. Blumenstrauß), die mit charmanter Ungezwungenheit und harmlosen kokett-schelmischen Bemerkungen vermengt werden. Das hier in Ansätzen vermittelte Selbstbewusstsein wird jedoch in der darauf folgenden intimen

Atmosphäre des Malerateliers in Frage gestellt: „Насмотрелась, вздохнула: ,да, сколько прекрасных вещей вы создали!' – ,Хотите рюмочку портвейна и печений?' – ,Не знаю...'" (100) Die Situation läuft trichterförmig auf vertraulichere Handlungen hinaus, und hier werden langsam auch bereits die Grenzen von Galjas Selbstsicherheit sichtbar. Sie kann sich offenbar nicht entscheiden, wie sie reagieren soll, und dies wird im Weiteren anhand ihrer beider Annäherung noch deutlicher:

> Я [...] взял ее ручку в [...] перчатке: „можно поцеловать?" – „**Но я же в перчатке...**" – Расстегнул перчатку, поцеловал начало маленькой ладони. Опустила вуальку, **без выражения** смотрит сквозь нее аквамариновыми глазами, **тихо** говорит: „ну, мне пора." – „Нет", говорю, „сперва посидим немного, я вас еще не рассмотрел хорошенько." Сел и **посадил** ее к себе на колени. (ebd.)

Der zuvor leuchtende ‚Aquamarinblick' scheint wie erstarrt, denn Galjas Handlungssicherheit ist zunehmend in eine Sackgasse geraten: Scheinbar ist sie einem Mann noch nie so nahe gewesen, und die aus Unerfahrenheit resultierende Ungewissheit darüber, wie sie weiter verfahren soll, lässt sie unsicher und damit auch passiver werden. Hier scheinen also wieder die noch immer in Teilen dominierenden Kindlichkeit und Naivität durch, und dementsprechend ändert sich ihr Aussehen in der Wahrnehmung des Malers: „Слегка болтает висящими нарядными **ножками**, детские **губки** полуоткрыты, поблескивают... Поднял **вуальку**, отклонил **головку**, поцеловал [...] теплое **розовое** тело начала бедра, потом опять в полуоткрытый **ротик**." (ebd.) Durch die verniedlichenden Diminutive sowie den als rosa beschriebenen Körper entsteht hier der Eindruck, der Maler hätte ein kleines Kind auf dem Schoß, denn Galja erscheint nunmehr tatsächlich nur noch wie ein hübsch gekleidetes Mädchen, das mit dem Ernst der Situation noch nicht richtig umzugehen weiß und lediglich mit infantilen Gesten darauf reagieren kann bzw. sich durch diese evtl. sogar aus der Unsicherheit zu retten oder diese zumindest zu kaschieren versucht.

Ein weiteres Jahr vergeht, und die jetzt ca. 16-17-jährige Galja Ganskaja wird vom Erzähler nicht länger als „хорошенькая тоненькая девушка" (99), sondern als „молоденькая женщина" (101) beschrieben. Anstatt der Grautöne erstrahlt ihre Kleidung in schmuckem spitzenbesetztem Weiß: „Зонтик белый, кружевной, платье и большая шляпа тоже белые, кружевные." (ebd.) Außerdem „в глазах уже нет прежней наивности, личико удлинилось... [...] Идет, стройно поводя плечами, зонтик закрыла, левой рукой держит кружевную юбку." (ebd.) Galja hat ihr Gebaren um weitere sich für eine wohlerzogene Frau gehörende Elemente erweitert und erweckt nun den Anschein größerer Selbstsicherheit und -kontrolle, sodass sie mittlerweile fähig ist, zumindest zu versuchen, für sich einzustehen und ihren Willen durchzusetzen: „Я взял ее за талию и так сильно прижал всю к себе, что она выгнулась, ловлю губы – старается высвободиться, вертит головой, уклоняется и вдруг сдается, дает мне их." (ebd.) Es gelingt ihr nicht, ihren Widerstand bis zum Ende durchzusetzen, doch nach dem Kuss verlässt sie ihn mit den wohl als nachträglicher Protest gedachten Worten: „,Ах, какой вы негодяй. Какой негодяй.'" (ebd.) Allerdings kann ihre letztendliche Nachgiebigkeit darauf zurückzuführen sein, dass sie in Wirklichkeit nicht gänzlich dagegen ist, sich dem Maler hinzugeben, zumal sie sich bei ihrer letzten Begegnung so nahe gekommen sind. Dennoch scheint sein aufdringliches Verhalten sie zu entrüsten, sodass sie wenn auch schwache, so doch deutliche Zeichen der Verweigerung setzt.

Nach einem halben Jahr ist Galja schätzungsweise zwischen 16 und (maximal) 18 Jahren alt und für den Maler erneut in gewisser Hinsicht kaum wiederzuerkennen: „соломенн[ая] шляпк[а]" (102), „рыжеватые волосы подняты на макушку и заколоты черепаховым стоячим гребнем, на лбу подвитая челка, лицо в легком ровном загаре" (ebd.), „ее розоватое тело с загаром на блестящих плечах." (ebd.) Nachdem sie in leuchtend weißer Spitze als junge Dame von aufblühender Reife und Schönheit ‚debütiert' hat, erscheint Galja nun in der etwas schlichteren, doch zugleich elegant-sinnlichen Aufmachung einer erwachsenen Frau. Auch fällt es ihr jetzt nicht schwer, in Liebessachen eine Entscheidung zu treffen, und als Mensch von großer Energie und Temperament ist sie nun im Vollzug ihrer Liebschaft mit dem Maler nicht weniger aktiv als er, wobei sie dies sogar – wenn auch indirekt formuliert – initiiert: „Я опять хочу смотреть вашу мастерскую. Можно?' – ‚Господи Боже мой! Еще бы!' – ‚Ну, так идем. И быстро, быстро!'" (ebd.) Später: „Сама уже сдернула соломенную шляпку [...]. Я стал как попало раздевать ее, она поспешно стала помогать мне. [...] Она быстро выдернула из упавших юбок [...] стройные ножки.

[...] Страстна она была необыкновенно." (ebd.) Ohne Furcht oder Reue gibt sie sich diesmal mutig und enthusiastisch dem Maler hin und besiegelt damit ihre so oft in eine Sackgasse geratene Beziehung.

Doch nicht umsonst sagt Galja vorher in einem Anflug unbewusster, jedoch bitter ironischer Erkenntnis: „„Но послушайте, ведь это же безумие... Я с ума сошла."" (ebd.) Diese Selbstdiagnose trifft tatsächlich zu, denn ihr leidenschaftliches Wesen ist nicht fähig, emotionellen Angelegenheiten ausgeglichen und ruhig zu begegnen, und verfällt durch die Liebesbeziehung sehr schnell einem selbstsüchtigen Wahn, da sie mit dem nun etablierten Selbstbewusstsein und der Entschlussfreudigkeit nicht rational umzugehen weiß. Der Maler will für ein- bis eineinhalb Monate nach Italien fahren, und sie fasst das Vorhaben als heimliche Flucht vor ihr auf und verbietet es ihm aus kindlich wirkendem Trotz heraus:

> „Нет, ты никуда не поедешь!" Я по-дурацки вспыхнул: „Нет, поеду." – „Нет, не поедешь." – „А я тебе говорю, что поеду." – „Это твое последнее слово?" – „Последнее. Но пойми, что я вернусь через какой-нибудь месяц, много через полтора. И вообще, послушай, Галя..." – „Я вам не Галя. Я вас теперь поняла – все, все поняла! И если бы вы сейчас стали клясться мне, что вы никуда и никогда вовеки не поедете, мне теперь все равно. Дело уже не в том!" (103)

Noch am selben Tag erreicht ihre Wut den Höhepunkt, und sie vergiftet sich. Galja ist ein Mensch der Extreme, und in ihrem emotionalen Überschwang (welcher auch noch durch ihre Liebe zum Maler intensiviert wird) gerät sie außer Kontrolle, sodass sie sich letzten Endes nicht vor sich selbst retten kann. Hierbei entsteht ein interessantes Paradoxon, den Volkov so in Worte fasst:

> Она безраздельно отдалась своей любви, ибо такова ее натура, и малейшее покушение на ее чувства поднимает в ее душе страдание, с которым она не в силах справиться. В сущности своей это, конечно, проявление того собственничества в любви, которое не вносит в нее покой и радость. (1969: 360)

Die selbstlose und dabei zugleich selbst*süchtige* Leidenschaft zerreißt Galja – vielleicht ist sie noch nicht für emotional herausfordernde Angelegenheiten wie Liebesbeziehungen bereit gewesen, aber es ist auch zu vermuten, dass sie, wenn sie nicht Selbstmord begangen hätte, dennoch ein Opfer ihres bis zum Äußersten gehenden Temperaments gewesen wäre. Alles in allem wird das Bild einer in ihrem Kern noch fatal unreifen jungen Frau gezeichnet und durch „горячность, импульсивность, порывистость героини, ее сознательное и бессознательное кокетство, трогательное смешение полудетских ее повадок с манерами взрослой женщины" (Gejdeko 1987: 201) deutlich zum Ausdruck gebracht.

4.9 „GENRICH" (1940)

In dieser sehr ungewöhnlich betitelten Geschichte bedient sich der Autor eines weiteren personalen Erzählers, des wohlhabenden Moskauer Schriftstellers Glebov, der ein promiskuitives Leben führt und es sich zusätzlich mit Auslandsreisen versüßt (vgl. 104ff.). Zu einer seiner drei Geliebten, Elena Genrichovna, hat er ein besonders inniges Verhältnis, und sie beide fassen auf einer gemeinsamen Zugfahrt ins Ausland den Beschluss, eine feste Beziehung einzugehen, jedoch wird Elena zuvor von einem Liebhaber ihrerseits ermordet. Wie aus der nachfolgenden Analyse und Interpretation ersichtlich wird, ist sie ein Mensch von ausgeprägter Weiblichkeit, wird allerdings irreführenderweise zunächst (wenn auch nur angedeutet) als Mann vorgestellt: „В Ницце теперь чудесно, Генрих отличный товарищ..." (104) Dies passiert auch bereits durch die Titelwahl. „Genrich" ist eine der zwei Erzählungen des Sammelbandes, die einen männlichen Vornamen zum Titel hat, welcher eigentlich einer Frauenfigur gehört (die zweite Erzählung ist „Stepa"; vgl. S. 20ff.). Bei ‚Genrich' handelt es sich um die russische Schreibweise des deutschen Namens ‚Heinrich', und dieses Pseudonym zeugt zum einen von Elenas künstlerisch-kreativer Ader, ist zum anderen aber auch vor dem Hintergrund ihrer beruflichen Tätigkeiten eine nachvollziehbare Wahl, denn sie ist eine (zumindest z. T.) russischstämmige Journalistin und Übersetzerin zeitgenössischer österreichischer und deutscher Werke (und dabei konnte es v. a. in Anbetracht der Entstehungszeit der Erzählung, die zugleich aufgrund des Fehlens entgegengesetzter Informationen auch für das beschriebene Geschehen gelten könnte, für eine Frau von großem Vorteil sein, sich einen männlich klingenden Namen als Pseudonym zuzulegen, um in der Branche ernst genommen zu werden).

Abgesehen von diesem Namen ist die Protagonistin jedoch sowohl in ihrem Aussehen als auch Auftreten ausgesprochen feminin, und das auf eine betont edle Weise: „Вошла Генрих, очень высокая, в сером платье, с греческой прической рыже-лимонных волос, с тонкими, как у англичанки, чертами лица, с живыми янтарно-коричневыми глазами." (107) Wie eine Aristokratin tritt sie auf, denn sie ist hoch gewachsen, hat eine seltene Haarfarbe, das, was man als korrekte Gesichtszüge bezeichnen könnte, sowie Augen, die mit Edelsteinen verglichen werden. „Талия у нее была тонкая, бедра полновесные, щиколки легкие, точеные, [груди полные]." (108) Grazil und kurvenreich zugleich zeigt sich die sich mit einem männlichen Namen tarnende Elena und weiß sich auch entsprechend zu verhalten, denn Glebovs Unterhaltung mit ihr basiert auf einem gelassenen, ausgeglichenen Gesprächston, bei dem keine unnötigen, übertriebenen Emotionen verschwendet werden: „„Ну что, напрощался? Я все слышала. Мне больше всего понравилось, как она ломилась ко мне и обложила меня стервой."' (107) Mit diesem lockeren Sarkasmus kommentiert sie das Verhalten einer anderen Geliebten Glebovs ihr gegenüber und zeigt Selbstkontrolle und innere Reife, aber auch ein großes Selbstwertgefühl, da sie sich von einem solchen Benehmen nicht angegriffen fühlt.

In diesem leichtfüßigen, ruhigen Selbstbewusstsein liegt der Hauptgrund für die sich vertiefende Zuneigung Glebovs zu ihr: „„Только с тобой одной мне всегда легко, свободно, можно говорить обо всем действительно как с другом, но, знаешь, какая беда? Я все больше влюбляюсь в тебя."' (ebd.) Elenas innere Ausbalanciertheit bewirkt, dass sich der Umgang mit ihr leicht und entspannend gestaltet; sie ist fähig, eine Wohlfühlatmosphäre zu erzeugen. Hinzu kommt eine angenehme Schlichtheit, mit der sie den vorhandenen Lebensumständen begegnet: „„Будем довольны тем, что Бог дает. Смотри, как у нас хорошо. Две чудесных комнатки!"' (108) Doch ein Charakterzug hebt sich ganz deutlich von dieser vermittelten Seelenruhe ab, denn obwohl sie wie auch der Protagonist ein sexuell freizügiges Leben führt und neben Glebov einen weiteren (obgleich nicht länger erwünschten) Geliebten hat, äußert sich in ihrem Verhalten eine wenn auch nicht gehässige, so doch nachdrückliche Eifersucht. Während der Zugfahrt stellt sie Glebov gezielt formulierte Fragen zu den anderen Frauen, mit denen er verkehrt, und kehrt trotz regelmäßiger neuer Gesprächsthemen immer wieder zu ihnen zurück, z. B.: „„Она правда так хороша, как говорят, эта Маша? [...] Ну, ну, опиши мне ее."' (ebd.), „„А у ли [...] груди, конечно, острые, маленькие, торчащие в разные стороны? Верный признак истеричек.'" (109) oder „"Ох, уж мне эти поэты!', сказала она с ласковым зевком. ‚И опять девки, девки... [...] Никаких девок я больше не желаю...'" (110)

Obwohl sie dabei nach wie vor eine gewisse würdevolle Ruhe bewahrt, wird deutlich, dass Elena dieses Gefühl sehr wohl zu schaffen macht, sodass sie ihre Konkurrentinnen mittels abwertender Kommentare oder durch locker formulierte Verbote in den Schatten zu stellen versucht. Interessant ist dabei zugleich die Tatsache, dass sie in dieser so emotionalen Angelegenheit einen kühlen Kopf bewahrt und der Vernunft den Vorzug gibt. Anstatt mit Glebov ‚durchzubrennen', wie er es sich wünscht, beschließt sie, die Beziehung zum österreichischen Autor auf diplomatische Weise zu beenden, da sie beruflich von ihm abhängt:

> „Вот я и говорю: пошли австрияка к черту и поедем дальше." – „Нет, милый, нельзя. Чем же я буду жить, поссорившись с ним? [...] Знаешь, в последний раз, когда я уезжала из Вены, мы с ним уже выясняли, как говорится, отношения [...]. И ты не можешь себе представить, какая ненависть была у него в лице!" (111)

Somit lässt Elena ihre Zuneigung zu Glebov nicht über sich dominieren, sondern wählt den (theoretisch) rationalen Weg, zeigt dabei aber ggf. eine gewisse Naivität bzw. Unvorsichtigkeit, denn die negative Erfahrung hat sie nicht das Richtige gelehrt: Der Österreicher hat in Liebesdingen mit Elena offenbar größte Schwierigkeiten, die Selbstkontrolle zu bewahren, sodass man sich gut vorstellen kann, dass eine noch so diplomatische Trennung die Situation eskalieren lassen könnte. Die Protagonistin reagiert hier aus einem falschen Überlebensinstinkt heraus, und das bringt ihr den Tod (vgl. 115).

4.10 „Natali" (1941)

Erneut stehen sich zwei Frauen gegenüber, auch wenn lediglich einer von ihnen der Titel gewidmet ist; doch dies hat einen deutlich erkennbaren Sinn, denn Sonja Čerkasova dient als Kontrastfigur und gleichzeitige Hinführung des Lesers zur eigentlichen weiblichen Hauptfigur, Nataša Stankevič (vgl. 115ff.). Beide jungen Frauen faszinieren den Ich-Helden Vitalij Petrovič Meščerskij, einen Studenten im ersten Semester. Er führt in den Sommerferien mit seiner Cousine Sonja eine leidenschaftliche körperliche Beziehung und entwickelt zugleich eine große Liebe zu ihrer Schulfreundin Nataša, genannt Natali. Diese heiratet jedoch seinen Cousin Aleksej und hat mit ihm eine Tochter; erst nach dessen Tod nach drei Jahren können sie einander erneut beim Begräbnis begegnen. Nach ca. weiteren eineinhalb Jahren gehen sie schließlich miteinander eine Beziehung ein, doch Natali stirbt bald darauf an den Folgen einer Frühgeburt.

Sonja erinnert von einigen Grundzügen her an Rusja aus der gleichnamigen Erzählung (vgl. Kap. 3.3). Auch sie ist an ein Elternteil gebunden: „,Найти мне поскорей такого жениха, что пошел бы к нам «во двор». Ведь мне уже двадцать первый год, а выйти куда-нибудь замуж на сторону я никак не могу: с кем же останется папа?'" (116) Sie kann offenbar ihren Vater, einen verwitweten Ulanen, nicht sich selbst überlassen, sondern muss sich um ihn kümmern und den Haushalt des Guts aufrechterhalten, und aus diesem Grund erlaubt sie es sich ähnlich wie Rusja eine – wenn auch rein physische – Beziehung zu Vitalij einzugehen (diese hat allerdings durch ihre Verwandtschaft einen ‚Vorlauf'). Volkov beschreibt sie zu Recht als „пикантн[ая] девушк[а]" (1969: 343):

> Под лампой блестел ровный загар ее руки, сияли сине-лиловые усмехающиеся глаза и красновато отливали каштаном густые и мягкие волосы, заплетенные на ночь в большую косу; ворот распахнувшегося халатика открывал круглую загорелую шею и начало полнеющей груди, на которой тоже лежал треугольник загара: на левой щеке у нее была родинка с красивым завитком черных волос. (117)

Der Morgenmantel gewährt durch seine Größe (Diminutiv „халатика") sowie die offenbar lockere Knotung des Gürtels eine großzügige Sicht auf Sonjas sonnengebräunten Oberkörper und reizvolle Rundungen, und dies erfährt eine zusätzliche Betonung durch das rötlichbraune Haar, die blauen Augen und das Muttermal, die allesamt Elemente mit einem intensiven erotischen Reiz sind. Sie strahlt sowohl im Aussehen als auch in ihren Bewegungen eine übermäßig akzentuierte und daher z. T. beinahe künstlich erscheinende sinnliche Weiblichkeit aus: „Она [...] закурила с некоторой даже излишней ловкостью. [...] Она с веселым спокойствием пускала из губ колечки дыма." (117f.)

Das löst beim (sexuell unerfahrenen) Vitalij eine entsprechende und sehr offenherzige Reaktion aus: „Какая рука, шея и как соблазнителен этот мягкий халатик, под которым, верно, ничего нет!'" (116), worauf sie lachend pariert: „Почти ничего. [...] И это сулило бы нам много любовных утех, [...] если бы не Натали, в которую ты завтра же утром влюбишься.'" (ebd.) Dabei verhält sie sich ihm gegenüber mit einer beinahe forschen Leichtigkeit, denn „она [...] подставила мне для поцелуя щеку и сказала, качая головой со своей обычной насмешливостью: ‚Ах, вечно и всюду опаздывающий молодой человек!'" (115) Es könnte auch ein Anteil an Aufdringlichkeit und Dominanz darin gesehen werden, denn sie hat bestimmte Wünsche, und sie zögert nicht, diese in Form von übermäßig ins Auge fallenden Andeutungen bzw. Forderungen darzustellen. Sonja geizt nicht mit ihren auffälligen Reizen, drückt unmissverständlich ihr Interesse an Vitalij aus und erlaubt sich somit große persönliche Freiheiten mit ihrem Cousin, die man ggf. eher von miteinander vermählten Personen erwarten würde.

Gorelov verurteilt dieses Verhalten als „преизбыточная доза сексуальной развязности и пошлейшего цинизма" (1978: 574), was auf den ersten Blick nachvollziehbar ist, jedoch im Genaueren mittels des zuvor erwähnten Vergleichs mit Rusja hinterfragt bzw. ergänzt werden sollte: Es ist ihr nicht möglich, das Elternhaus zu verlassen und ein eigenes Leben mit Ehemann und Kindern aufzubauen, ohne dabei ihren Vater im Stich zu lassen und zu enttäuschen, und sie ist sich dessen bewusst und wehrt sich dagegen nicht. Das kann ihr zugute gehalten und als milderndes Element in ihrem ansonsten tatsächlich liederlichen Benehmen akzeptiert werden. Aus diesen Umständen ergibt sich „наигранный цинизм, этакая легкость в отношениях с мужчиной [...]: если невозможна личная жизнь, то хотя бы это легкое волнение души." (Volkov 1969: 344)

Aus diesem Grund ergreift sie auch im Weiteren die Initiative und ‚legt' – erneut auf eine künstlich bzw. erzwungen und dabei gleichzeitig trivial erscheinende Weise – den Beginn ihrer Liebesbeziehung mit Vitalij ‚fest': „Готова начать наш роман завтра же [...]. А пока идем спать, мне завтра рано вставать по хозяйству." (118) Auch die ‚Regeln' dafür werden von ihr bestimmt: „Только смотри теперь: завтра, при всех, не сметь пожирать меня «страстными взорами»! [...] Я ведь очень стыдлива, не суди, пожалуйста, по тому, как я веду себя с тобой. А не исполнишь моего приказания, сразу станешь противен мне..."' (118f.) Letzteres ist eine absurd kapriziöse Drohung, die Sonja in kein positives Licht stellt, sondern sogar noch ihre vorhergehende Aussage zur Scham zu widerlegen scheint, denn ihr ‚Befehl' an Vitalij klingt entschieden und kalkuliert und steht damit im Gegensatz zum Verhalten eines Menschen, der schamhaft ist und sich entsprechend zurückhaltend benimmt. Sonjas Worte klingen mehr nach einer Absicherung als nach einer Erklärung ihres angeblich von ihrer eigentlichen Norm abweichenden Benehmens und verleihen ihr somit eine ‚abrundende' Spur von Unsittlichkeit. Sie spürt, dass sie Vitalij in dieser Hinsicht in vollem Maße ausnutzen kann, sodass sie bei ihrem ersten Rendezvous ganz offen ihren Makel zugibt: „Характер у меня вовсе не такой милый, как можно думать!"' (123)

Ihre Kontrolle über den jungen Studenten erweitert sich und zeigt damit weitere Tiefen ihres Charakters, denn da sie ihren Vater nicht wissen lassen kann, dass sie eine Beziehung mit jemandem führt, der nicht bereit sein wird (und schon allein aufgrund des erst begonnenen Studiums nicht fähig ist), bei ihnen zu bleiben, zwingt sie Vitalij dazu, zur Ablenkung von ihrer Affäre ihrer Freundin Natali den Hof zu machen: „Сиди побольше в саду с Натали вдвоем, читай ей этот несносный «Обрыв», уводи ее иногда гулять по вечерам... Это ужасно, я ведь замечаю, как идиотски ты пялишь на нее глаза, временами чувствую к тебе ненависть [...], да что же мне делать?"' (124) Zugleich bereitet sie ihm ein schlechtes Gewissen, indem sie ihm gegenüber Abscheu empfindet, weil er Gefühle der Zuneigung für Natali entwickelt. „В ней постоянно борются два начала, порой она подталкивает его к Натали, а затем стремится привлечь к себе, потому что потерять его окончательно ей трудно" (Volkov 1969: 347): Sie verliert zunehmend die Kontrolle über ihre gegensätzlichen Emotionen und Handlungsmotive und schadet damit zugleich Vitalij.

Ihre Liederlichkeit nimmt Überhand und ist nunmehr alles andere als ein Akt der Verzweiflung, sondern bereits ein Anflug von Wahn: „Я тебя страшно люблю и ужасно ревную."' (128), „Соня [...], к моему ужасу, говорила со мной капризно и не в меру нежно, не стесняясь присутствием Натали: ‚Посиди возле меня, Витик, мне больно, мне грустно, расскажи что-нибудь смешное...'" (129) oder „Иди скорей ко мне, обними меня...' Я покорно сел и обнял ее за холодные плечи. Она зашептала: ‚Ну поцелуй же меня, поцелуй, возьми совсем, я целую неделю не была с тобой!' И с силой откинула меня и себя на подушки дивана." (132) Sonjas Aufdringlichkeit und Dominanz ufern unkontrolliert aus, und sie instrumentalisiert Vitalij, wobei die anfänglich körperliche und nun von ihr als Liebe angesehene Beziehung sich in ihrem Status nicht verändert, sondern lediglich eine intensivere, über die Maßen possessive Art angenommen hat.

Nach der Abreise Meščerskijs ist nichts Weiteres über sie bekannt, doch es ist anzunehmen, dass sie von ihrer Leidenschaft nur temporär geblendet gewesen ist und diese genauso schnell wieder abgeklungen wie sie entstanden ist. Es entsteht der Eindruck, dass Sonja sich zu sehr von ihren Trieben leiten lässt und die Schamhaftigkeit lediglich als (nicht sonderlich effektiv umgesetzte) ‚Tarnung' verwendet, da ihr Status sowie ihre Beziehung zu ihrem Vater es ihr nicht erlauben, in jeder Hinsicht freizügig zu leben. Zugleich kann ihr der Anstand nie gänzlich abgesprochen werden, da sie sich immerhin ihrer Pflichten gegenüber dem Ulanen sowie dem Besitz ihrer Familie vollauf bewusst und nicht dagegen ist, ihnen nachzugehen.

Sonja bildet durch die Gestaltung ihrer Beziehung zu Vitalij zugleich eine Überleitung zur Titelheldin, sodass diese zunehmend in den Fokus rückt und bald alle Aufmerksamkeit auf sich zieht. Nataša Stankevič entstammt einer Adelsfamilie aus Voronež „‚очень богатой когда-то, теперь же просто нищей. В доме говорят по-английски и по-французски, а есть нечего...'" (118) So ist auch Natalis Name lediglich ein Rest des einstigen Status, eine Erinnerung an ihre ehemals angesehene Herkunft, die darüber hinaus zugleich markant ihr Wesen zu betonen weiß, da das Mädchen im Gegensatz zu ihrer Freundin in ihrem gesamten Auftreten noch wie eine Spur aus vergangenen Zeiten erscheint.

„‚Вот это уж действительно красавица, не то что я.'" (116) So kommentiert Sonja gerechterweise der Realität entsprechend die Schönheit ihrer Freundin, wenn auch zu ihren eigenen Zwecken, da sie Vitalijs Aufmerksamkeit – schmerzenden Herzens – auf Natali lenken will. „‚Представь себе: прелестная головка, так называемые «золотые» волосы и черные глаза. И даже не глаза, а черные солнца [...]. Ресницы, конечно, огромные и тоже черные, и удивительный золотистый цвет лица, плечей и всего прочего.'" (ebd.) Natalis Äußeres lässt sie engelhaft erscheinen, und die Kontraste verleihen ihr einen Hauch edler Exotik. Hinzu kommen „ее тонкий склоненный стан" (122) und „острые девичьи локти. [...] Она в холстинковой юбочке и вышитой малороссийской сорочке, под которыми угадывалось все юное совершенство ее сложения, казалась чуть не подростком." (122f.) Jugendlich, von hervorstechender Schönheit und vollkommen in ihrer Unberührtheit, macht sie einen beinahe angreifbaren und zerbrechlichen Eindruck, zumal sie in ihrem Verhalten „‚трогательная'" (118), „‚скрытная'" (ebd.) und „молчаливая" (124) ist, also sehr dezent und introvertiert auftritt.

Anzeichen überraschender innerer Stärke zeigen sich allerdings, als sie auf ein ernstes und schwerwiegendes Thema angesprochen wird, die Liebe. „Натали не только непорочна, но обладает гордой, утонченной душой." (Smirnova 1991: 175) Vitalij erwähnt ihr gegenüber eine mögliche Verwandtschaftsbeziehung, falls sie seinen Cousin ehelichen sollte, und hier reagiert sie zum ersten Mal wahrnehmbar entschieden, selbstbewusst und sogar überraschend harsch: „Она не дала мне договорить: ‚Ах, вот что! Ваш кузен, этот, простите, упитанный, весь заросший черными блестящими волосами, картавящий великан с красным сочным ртом... И кто дал вам право на подобные разговоры со мной?'" (124f.) Gerade die Tatsache, dass sie sich in dieser Angelegenheit (so weit es geht) nichts auch nur im Entferntesten aufzwingen lassen will und sich traut, dies direkt zu formulieren, weist auf die unvermutete Kraft und Fähigkeit für sich einzustehen hin. Stolz rundet diese an die Oberfläche gekommenen Eigenschaften ab: „‚Вы что-то имеете против меня?' Она **гордо** пожала плечом: ‚Что и почему я могу иметь против вас?'" (125) Daher fallen ihre Reaktionen auf Vitalijs Annäherungsversuche zunächst ähnlich selbstsicher und abweisend aus:

> Мы сидели в березовой аллее и пытались продолжать чтение вслух ‚Обрыва'. [...] „Ну теперь почитайте вы..." Она [...] стала читать скорым и неверным голосом. [...] „Натали, какой удивительный цвет волос у вас! А коса немного темнее, цвета спелой кукурузы..." Она продолжала читать. „Натали, дятел, посмотрите!" Она взглянула вверх: „Да, да, я его уже видела, и нынче видела, и вчера видела... Не мешайте читать." (126)

Natalis Interesse an ihrem Beisammensein scheint gering zu sein („пыта-лись", „скорым и неверным голосом"), und sie hat keine Scheu davor, das deutlich zu machen, zumal sie davon ausgeht, dass Vitalij eigentlich in Sonja verliebt ist. Ihr Trotz ist in seiner Darbietung recht kindlich und wenig damenhaft, was u. a. ihrem Alter zuzuschreiben ist (ausgehend von den Beschreibungen ihres noch mädchenhaften Aussehens könnte sie ein paar Jahre jünger als die 20-jährige Sonja sein). Allerdings kann er nach wie vor als ein Zeichen der zuvor erwähnten Selbstsicherheit ausgelegt werden.

Als der junge Student ihr jedoch zu erkennen gibt, dass seine Liebe ihr gilt, lässt sie sich von diesem Gefühl mitreißen und reagiert am folgenden Tag entsprechend: „Натали [...] вошла на балкон легко и живо, улыбнулась мне приветливо и как будто чуть виновато, удивив меня этой живостью, улыбкой и некоторой новой нарядностью." (127) Da Vitalij ihr gefällt, sieht sie nach seinem Geständnis zunächst keinen Grund, ihm gegenüber weiterhin abweisend zu sein, und scheint – zumindest aus Sicht des Ich-Helden – ihr vorheriges Benehmen zu bereuen, was auch aus ihrer Freundlichkeit und der hübschen Aufmachung abzuleiten sein könnte. Dennoch kehrt sie nach einigen Tagen zu ihrem reservierten Verhalten zurück, das einen irritierenden Kontrast entstehen lässt:

> Бывать со мной наедине она, очевидно, избегала [...]. Я встал, она безразлично спросила: „Вы еще не спите? [...] Вы правда уезжаете?" – „Да, пора." – „Но почему так сразу и скоро? Я не скрываюсь: вы меня давеча поразили, сказав, что уезжаете." – „Натали, можно мне приехать представиться вашим, когда вы вернетесь домой?" Она промолчала. Я взял ее руки, поцеловал, весь замирая, правую. „Натали..." – „Да, да, я вас люблю", сказала она поспешно и невыразительно [...]. „Уезжайте завтра же [...]. Я вернусь домой через несколько дней." (128ff.)

Die Gleichgültigkeit geht nicht mit ihrem Liebesbekenntnis einher, und es entsteht der Eindruck, als ob sie zwar aufrichtige Zuneigung für Vitalij empfinden, an eine glückende Beziehung mit ihm jedoch nicht glauben würde (das liegt vermutlich daran, dass sie ihn nach wie vor oft zusammen mit Sonja sieht). Die Achtlosigkeit, mit der sie ihm ihre Liebe gesteht, ist befremdlich, da man gerade von ihr erwarten würde, dass sie sich und ihre Gefühle schützt und diese nur jenen mitteilt, die es wert sind. Vielleicht spricht aus ihr die (auf Unerfahrenheit basierende) Unentschlossenheit: Sie könnte hin und her gerissen sein zwischen dem Wunsch, zu Vitalij eine Beziehung aufzubauen, und den Kontakt zu ihm zu vermindern. Auch wäre es möglich, dass hier das Gewissen aus ihr spricht und sie es in Erwägung zieht, aufgrund der Armut ihrer Familie den Cousin des Ich-Helden zu heiraten.

Für Letzteres spricht ihre tatsächliche spätere Vermählung mit dem von ihr verabscheuten Aleksej Meščerskij, ein Jahr nachdem sie nach ihrem Gespräch Vitalij zusammen mit Sonja bei einem weiteren Rendezvous gesehen hat (vgl. 132). Ein Mädchen von Anstand, hat sie offenbar letzten Endes das Wohl ihrer Familie über das eigene gestellt, als sie bemerkt hat, dass die sich ihr bietende Chance, aus Liebe zu heiraten, nur ein Trugschluss gewesen ist, da Vitalij in seinem Verhalten gegenüber Frauen recht volatil ist. Als der Protagonist sie nach drei Jahren bei der Beerdigung Aleksejs trifft, scheint ein Déjà-vu stattzufinden: „Я [...] уже как от иконы не мог оторвать от нее глаз [...], я ждал, чтобы подойти последним. И, подойдя, с ужасом восторга взглянул на иноческую стройность ее черного платья, делавшего ее особенно непорочной, на чистую, молодую красоту лица, ресниц и глаз." (135) Es scheint, als sei Natalis Reinheit noch ‚intensiver' geworden, was darauf hinweisen könnte, dass die geistige Reife ihren ohnehin zuvor vorhandenen Anstand und die moralischen Prinzipien nur noch verstärkt hat – so sehr, dass sie mit einer Heiligen verglichen wird.

Diese Beobachtungen des Ich-Helden bewahrheiten sich, als er ihr nach ca. eineinhalb Jahren wieder begegnet: „Она встретила меня на крыльце [...] и с полуулыбкой протянула мне обе руки." (137), „‚Да, я все еще расту', ответила она, грустно улыбаясь." (ebd.), „Черные глаза смотрели теперь тверже, увереннее, вся она была уже в полном расцвете молодой женской красоты, стройная, скромно нарядная." (ebd.) Die elegante Schlichtheit, das besonnene Verhalten gegenüber Vitalij sowie die leise Melancholie zeichnen hier eindeutig das Bild eine ‚Quasi-Heiligen', die im Laufe ihres kurzen Lebens bereits viele Höhen und Tiefen erlebt, sie mit einer großen inneren Stärke verarbeitet hat und zugleich durch sie geistig gewachsen ist und nun allem mit melancholisch durchwirkter Ruhe begegnet. Bezeichnend hierfür ist ihre finale Stellungnahme zum Konzept der Liebe: „‚Я видела вас на балу в Воронеже... Как еще молода была я тогда и как удивительно несчастна! Хотя разве бывает несчастная любовь? [...] Разве самая скорбная в мире музыка не дает счастья?'"

(138) Dieser von gesundem Optimismus zeugende Gedanke sowie die Äußerung, dass Liebe auch in ihrer unerwiderten Form dennoch an sich beglückend und eine große Belohnung sein kann, zeigt Natali im abgeklärten Licht eines Menschen, der Leid mit einer bewundernswerten Stärke begegnen und darin sogar positive Aspekte erhaschen kann, ohne seelisch zu kapitulieren und sich folglich davon innerlich zersetzen zu lassen.

4.11 „‚Madrid'" (1944)

„Поздним вечером шел в месячном свете вверх по Тверскому бульвару, а она навстречу." (157) So beginnt die Begegnung eines weiteren personalen Erzählers mit einer recht wagemutig gestalteten Protagonistin: Die anonyme männliche Hauptfigur begegnet in Moskau einer jungen Prostituierten und verbringt mit ihr eine Nacht in seinem Zimmer im Hotel ‚Madrid' (vgl. 157ff.). Polja, die unter dem Namen ‚Nina' seit einigen Monaten Liebesdienste anbietet, ist siebzehn Jahre alt und wohnt zusammen mit zwei lesbischen Frauen, die sich ebenfalls prostituieren (vgl. 158f.). Eine von ihnen, Mur, ist die Cousine ihres Vaters und hat sie bei sich aufgenommen: „Папа мой был сцепщиком на товарной станции в Серпухове, ему там грудь раздавило буферами, а мама умерла, когда я была еще маленькой, я и осталась одна [...] и поехала к ней в Москву, а [Мур] [...] оставила меня у себя, а потом уговорила тоже выходить." (162) So verdient sie daraufhin als Vollwaise und unvermählte Frau ihren Unterhalt und repräsentiert die große Anzahl der Freudenmädchen, die ihre Körper in Moskau verkauften.

Dabei wird Polja von Anfang an auf eine Weise beschrieben, die eher im Gegensatz zu ihrem Gelderwerb steht: „небольшая, **курносенькая**, немножко широкоскулая, глаза в ночном полусвете блестят, улыбка милая, несмелая, **голосок** в тишине, в морозном воздухе чистый..." (157) Die schimmernden Augen, das reizende, schüchterne Lächeln sowie die klare, helle Stimme betonen ihre Jugend, und zugleich verraten sie zusammen mit den Diminutiven einen unerfahrenen, arglosen Charakter. Diminutive werden auch weiterhin vom Autor verwendet, wenn es um ihr Äußeres geht: „‚Но что за прелесть **мордашка** у тебя!'" (159), „‚Он поцеловал ее холодную **щечку** [...]. Она сняла **шапочку** [...] и стоя стала стягивать с ноги **ботик**" (160), „поцеловал в мокрые, деликатно сжатые **губки**" (161) u. ä. Der häufige, gezielte Gebrauch dieser Formen erinnert an die Beschreibung Galja Ganskajas aus der gleichnamigen Kurzgeschichte und zeichnet erneut das Bild eines einerseits physisch gesehen delikat gebauten und evtl. auch etwas klein gewachsenen Mädchens und andererseits einer geistig betrachtet infantilen, noch nicht ausreichend geformten Persönlichkeit (vgl. Kap. 3.8). Allerdings besteht zwischen Galja und Polja durch ihre gegensätzlichen Abstammungen ein entscheidender Unterschied, denn Letztere ist spürbar durch ihre Herkunft aus einer Arbeiterfamilie sowie ihr tragisches Schicksal geprägt und in gewisser Weise etwas mehr abgehärtet, wie im Weiteren an der Analyse ihres Verhaltens deutlich wird.

Das wohl auffälligste Merkmal ihrer niederen Herkunft und der damit einhergehenden Ungebildetheit spiegelt sich in Poljas informellem und v. a. fehlerhaftem Sprachgebrauch wider, da sie z. B. falsche Endungen, Deklinations- bzw. Konjugationsformen oder Personalpronomina verwendet oder Wörter phonetisch inkorrekt ausspricht: „‚Не **хочете** ли разделить компанию?'" (157), „‚терпеть не **можут**'" (158), „‚ишь какой на вас **клош** и шляпа'" (ebd.), „‚у **ней** чахотка'" (ebd.) „‚Я **сичас, сичас**'" (161), „‚идет чудная **фильма**'" (162). Eine unfreiwillige (Tragi-)Komik entsteht durch ihre Unfähigkeit sich auszudrücken, die sich auch auf den Inhalt ihrer Aussagen erweitert: „Она [...] стала стягивать с ноги ботик. Ботик не поддавался, она, сделав усилие, чуть не упала, схватилась за его плечо и звонко засмеялась: ‚Ой, чуть не полетела!'" (160) Einfachheit und Ausgelassenheit zeigen sich in dieser Ausdrucksweise und werden v. a. dadurch hervorgehoben, dass Polja sich nicht scheut, sich auf diese Weise einem Fremden gegenüber zu äußern. Entweder hat sie es sich angeeignet, sich unbekannten Menschen so schnell zu öffnen, oder aber sie ist charakterlich eine extrovertierte Persönlichkeit – in jedem Falle weiß sie sich in dem von ihr gewählten ‚Berufsfeld' adäquat zu artikulieren und zu vermitteln, dass sie sich bereitwillig auf die Wünsche potentieller männlicher Klienten einlässt. Auch denkt sie berechnend im erwerbsorientierten Sinne und zeigt damit, dass sie sich überlegt, wie sie einen Gewinn erzielen kann, und ihre Tätigkeit dementsprechend (auf eine nahezu geschäftliche Weise) ernst nimmt: „Она подумала. ‚А вы далеко живете? Недалеко, так пойду, после вас еще успею походить.'" (158)

Ein hervorstechender Beleg dafür bietet sich in Form des Kennenlernens der beiden Protagonisten: „Идет гуляющим шагом, держит руки в маленькой муфте и, поводя каракулевой шапочкой, надетой слегка набекрень, что-то напевает. Подойдя, приостановилась: ‚Не хочете ли разделить компанию?'" (157) Flanierend unterwegs, die Kopfbedeckung keck schräg aufgesetzt, ist Polja mit ihrem gute Laune andeutenden Gesang ein wahres ‚Aushängeschild' für sich selbst und die von ihr angebotenen Dienste; sie macht es einem Fremden nicht schwer, die Distanz zu ihr möglichst schnell zu überbrücken und ihre Bekanntschaft zu schließen, wobei auch hier wieder die unkonventionelle Herangehensweise des Autors an diesen Figurentypus deutlich wird, denn der Protagonist und damit der Leser begegnen einer jungen Frau mit einladendem, unkompliziertem Charakter, der jedoch nicht von der erwarteten Anzüglichkeit und Liederlichkeit gezeichnet ist, die man (klischeegeleitet) mit Freudenmädchen verbindet. Im Gegenteil: Die Leichtigkeit von Poljas Umgang mit dem Fremden ist eher mit einem gewissen mädchenhaft-delikaten Charme, wenn nicht gar einer paradoxen Unschuld behaftet (die allerdings auch darauf zurückzuführen sein könnten, dass sie erst einige Monate zuvor mit der Prostitution begonnen hat und u. a. deswegen von ihr noch nicht psychisch auf eine Ebene geistiger Heruntergekommenheit gezwungen worden ist). Auch ein Funke auf der Unkompliziertheit ihres Wesens (sowie dem Mangel an formeller, an höhere soziale Schichten gebundener Erziehung) basierender Forschheit ist dabei, der es dem Protagonisten zusätzlich möglich macht, sich mit ihr in einem ungezwungenen, bisweilen scherzhaften Ton zu unterhalten, z. B.: „‚Гуляешь, должно быть, недавно?' – ‚[...] С самой весны. Да что все расспрашивать! Дайте лучше папиросочку. У вас, верно, очень хорошие, ишь какой на вас клош и шляпа!' – ‚Дам, когда придем. На морозе вредно курить'" (158), „‚Если ты мне про него еще хоть слово скажешь, я тебя убью.' Губы у нее сморщились довольной улыбкой, она, слегка покачиваясь, вошла в прихожую освещенного номера." (159)

Aus der Einfachheit ihres Charakters resultiert allerdings auch ein anderer prägender Wesenszug, nämlich die zuvor erwähnte Arglosigkeit, die außerdem im Zusammenhang mit ihrem Alter, jedoch auch v. a. mit ihrem niedrigen Erziehungs- und Bildungsniveau einen stark infantilen Anstrich bekommt: „,Меня туда один шулер водил. Еврей, а ужасно добрый.' – ‚Я тоже добрый.' – ‚Я так и подумала. Вы симпатичный, сразу мне понравились...'" (158), „Она, вся дрожа, прижалась к нему и зашептала с мелким, счастливым смехом: ‚Только за ради Бога не дуйте мне в шею, на весь дом закричу, страсть боюсь щекотки...'" (160) Auf der Basis oberflächlicher Eindrücke beurteilt sie Personen und offenbart damit ihre Gutgläubigkeit und die fehlenden (da u. a. auch nicht kompetent beobachteten und gesammelten) Menschenkenntnisse, die zu fatalen Begegnungen führen können.

Das ergänzt außerdem die sich in ihrem Verhalten äußernde Infantilität, mit der sie dem Protagonisten begegnet, als sie sich z. B. nach Wärme suchend an ihn drückt oder ihm verspricht, bis zu seiner Abreise nur noch ihn aufzusuchen, und eifrig Vorschläge dafür macht, was sie zu zweit unternehmen könnten: „‚Вы [...] уедете? Куда? Когда?' – ‚В Петербург. Да это еще не скоро.' – ‚Ну, слава Богу! Я теперь только к вам буду ходить. Вы хочете?'" (162), „В постели она легла ему на руку, опять вся прижавшись к нему [...], а он стал говорить: ‚Завтра мы с тобой будем вместе завтракать...' Она живо подняла голову: ‚А где? Вот я раз была в «Тереме», это за Триумфальными воротами.'" (ebd.) Im Benehmen des unbekannten Mannes ihr gegenüber sieht sie die Möglichkeit eines Versprechens von Behaglichkeit und Sicherheit und zeigt ihre Sehnsucht danach, indem sie sehr schnell eine nahezu kindliche Anhänglichkeit entwickelt; vor dem Hintergrund der Tatsache, dass sie Vollwaise ist und mittels einer potentiell traumatisierenden, nicht ungefährlichen Tätigkeit wie der Prostitution die Verantwortung für sich selbst übernehmen muss, erscheint das wie eine natürliche Reaktion, zeigt aber dennoch auch die großen Lücken in ihrer Reifeentwicklung auf, da sie sich zu schnell emotional an Menschen bindet und sich durch ihre Zutraulichkeit zusätzlich angreifbar macht.

Umso überraschender ist es, dass Polja gleichzeitig ein klar artikuliertes Bewusstsein für die Gefahren offenbart, die ihr Gelderwerb mit sich bringen kann: „„Может, кто и убьет. Наше дело такое. Идешь неизвестно куда, неизвестно с кем, а он либо пьяный, либо полоумный, кинется и задушит, либо зарежет... А до чего у вас теплый номер! Сидишь вся голая и все тепло."' (161) Auch wenn ihre ernsten Gedankengänge gleich darauf von ihrer gewohnten Sorglosigkeit abgelenkt und abgebrochen werden, scheint sie die Möglichkeit eines gefährlichen Klienten nicht gänzlich zu ignorieren: Vielmehr wird sie entweder von der aktuellen Atmosphäre in Sicherheit gewogen oder aber ihr von Einfachheit und Leichtigkeit geprägtes Wesen macht es ihr möglich, besagte Gefahren ohne Weiteres zu verarbeiten und abzutun. Interessant ist hierbei ihre Stellungnahme zur Prostitution und zu Mur, welche sie dazu überredet hat: „„А куда ж бы я делась в Москве одна? Конечно, она меня погубила, да разве она мне зла желала! Ну да что об этом говорить. Может, Бог даст, место какое найду тоже в номерах."' (163) Letzteres ist eine Anspielung auf Murs ehemalige Arbeit als Zimmermädchen. Hierin äußert sich, dass Polja sich des negativen Einflusses der Prostitution auf ihr Leben bewusst ist, dies aber hinnimmt und sogar dafür Dankbarkeit gegenüber Mur zeigt, da sie anders in einer Stadt wie Moskau vermutlich nicht lange überlebt hätte. Diese ihre positive Sichtweise erstreckt sich auf ihre Zukunftswünsche, denn sie lebt mit der Hoffnung, irgendwann nicht mehr ihren Körper für Geld verkaufen zu müssen, sondern auch eine Anstellung als Zimmermädchen zu finden; sie hat somit die Fähigkeit, einen lebenserhaltenden und animierenden Optimismus zu entwickeln und zu erhalten.

Mit der Kreation einer solchen Protagonistin hat der Autor weit über den damaligen (und in gewisser Weise auch heutigen) Zeitgeist hinausgegriffen, sodass Literaturwissenschaftler wie Smirnova fast mit angedeutetem Tadel anmerken: „Пугает бунинский вариант историй о продажных женщинах, которые привычно и безропотно, даже не без удовлетворения исполняют обязанности своего унизительного ремесла." (1991: 174) Erschreckend ist dies jedoch nur vor dem Hintergrund des Betrachtungsstandpunktes, dass Prostitution als schändlich zu betrachten ist und bekämpft werden sollte. Bunin bietet eine alternative Sichtweise an, indem er mit auffälliger Leichtigkeit, beinahe mit Frohsinn die Begegnung zwischen Polja und ihrem neuesten Klienten beschreibt. Dies könnte sein Versuch sein, mehr Verständnis für diese Art von Gelderwerb zu erzeugen, denn mit „„Madrid"' wird eine Lanze für Frauen gebrochen, die dazu gezwungen sind, ihren Körper zu verkaufen, um zu überleben.

4.12 „CHOLODNAJA OSEN'" (1944)

Diese Kurzgeschichte zeichnet sich durch eine formelle Besonderheit aus, die im Erzählband einmalig ist, denn hier findet man ausnahmsweise eine weibliche Ich-Erzählerin vor und ist somit einer der Protagonistinnen von *Temnye allei* so nah wie es nur möglich ist (keine der anderen fungiert als Vermittlerin der Handlung, erst recht nicht in der Ich-Perspektive). Die anonyme Frau berichtet rückblickend von ihrem Leben, und ihre Autobiographie lässt sich in zwei Abschnitte aufteilen: Der erste, größere Teil handelt von einem Herbstabend im Jahre 1914, den sie mit ihrem Verlobten verbracht hat, bevor er in den Ersten Weltkrieg gezogen und dort nach einem Monat umgekommen ist; im zweiten Teil wird der Zeitraum von 30 darauf folgenden Jahren wiedergegeben, im Laufe welcher sie ihre Eltern verloren und ihr Hab und Gut verkauft hat (vgl. 165ff.). Sie hat einen Veteranen geheiratet, der bald an Typhus verstorben ist. Sein Neffe und dessen Frau haben der Protagonistin ihre kleine Tochter überlassen, um sich General Vrangel'[6] anzuschließen. Das Mädchen hat sich später von ihr entfremdet und sie verlassen, sodass ihr schließlich keine Bezugsperson mehr geblieben ist.

Die Erinnerung an ihren letzten gemeinsamen Abend ist der Ich-Heldin lebhaft und detailliert im Gedächtnis geblieben, sodass der chronologische Ablauf mit allen dazugehörigen Ereignissen beschrieben wird und sie u. a. sogar das titelgebende Gedicht „Kakaja cholodnaja osen'" Afanasij Fets zu zitieren weiß, das ihr Verlobter aufgrund der passenden Jahreszeit rezitiert:

> Одеваясь в прихожей, он продолжал что-то думать, с милой усмешкой вспомнил стихи Фета: „'Какая холодная осень! / Надень свою шаль и капот...'" – „Капота нет", сказала я. „А как дальше?" – „Не помню. Кажется, так: ,Смотри – меж чернеющих сосен / Как будто пожар восстает...'" – „Какой пожар?" – „Восход луны, конечно." (166)

---

[6] Petr Nikolaevič Vrangel' (1878–1928): Schlug als Sohn einer deutsch-litauischen Adelsfamilie ab 1901 die Militärlaufbahn ein und übernahm nach der Oktoberrevolution als Anhänger des gestürzten russischen Zaren im August 1918 die Führung einer weißgardistischen Militäreinheit auf der Krim (vgl. Brockhaus Geschichte III 2001: 573). Vrangel' musste nach dem endgültigen Sieg der Roten Armee im Russischen Bürgerkrieg im Jahre 1920 ins jugoslawische Exil flüchten, wo er bis zu seinem Tode die antikommunistische Arbeit der ehemaligen Weißgardisten koordinierte.

In diesem Sinne ist die gesamte Beschreibung des ersten Teils poetisch durchwirkt, sodass sie sich beispielsweise an den wunderschönen Nachthimmel oder entsprechende Beobachtungen seitens ihres Verlobten erinnert: „Потом стали обозначаться в светлеющем небе черные сучья, осыпанные минерально блестящими звездами", (167) „Он, приостановясь, обернулся к дому: ‚Посмотри, как совсем особенно, по-осеннему светят окна дома.'" (ebd.) Der Abend ist geprägt von einer ästhetisch-romantischen Atmosphäre, deren Elemente sie zu rekonstruieren weiß. – Dabei ist er vom aufkommenden Verlust gekennzeichnet, doch die Ich-Heldin verhält sich ihrem Verlobten gegenüber dennoch zunächst ruhig und versucht, Ablenkung zu schaffen, indem sie „вздумала раскладывать пасьянс" (166). Sie ist fähig, selbst in dieser unheilvollen Situation weitestgehend die Fassung zu wahren und so auch den jungen Mann möglichst wenig zu belasten.

Doch als er ihr vorschlägt, ein wenig spazieren zu gehen, spürt sie die Tragik des Abschieds aufziehen, da sie weiß, dass dies (zumindest aus ihrer Sicht fürs Erste) das letzte Mal sein wird, dass sie miteinander Zeit verbringen: „‚Хочешь пройдемся немного?' На душе у меня делалось все тяжелее, я безразлично отозвалась: ‚Хорошо...'" (ebd.) Die Fassung, welche sie zu wahren fähig ist, wird zugleich allerdings auch von einem gewissen Anteil Selbsttäuschung begleitet, denn sie scheint an seinen potentiellen Kriegstod erst dann zu denken, als er ihn selbst zur Sprache bringt:

> „Если меня убьют, ты все-таки не сразу забудешь меня?" Я подумала: ‚А вдруг правда убьют? и неужели я все-таки забуду его в какой-то срок – ведь все в конце концов забывается?' И поспешно ответила, испугавшись своей мысли: „Не говори так! Я не переживу твоей смерти!" (167)

Sie hat es scheinbar geschafft, sich bis zum Ende von diesem grauenerregenden Gedanken abzuschotten, da sie beinahe überrascht reagiert, als sie die Möglichkeit seines Todes abwägt. Das könnte für die Tendenz sprechen, nicht vorzeitig an den negativen Ausgang der Situation zu denken, um sich (und andere) nicht unnötig in Unruhe zu versetzen. Als sie sich von ihm verabschiedet, zeigt sich, dass diese innere Kraft in Extremsituationen ein Ende findet: „Я пошла по комнатам, заложив руки за спину, не зная, что теперь делать с собой и зарыдать ли мне или запеть во весь голос..." (ebd.) Sie verliert – zumindest innerlich – die Selbstkontrolle, verspürt eine große seelische Aufregung und findet sich am Rande eines hysterischen Anfalls wieder. Erstaunlich ist hierbei, dass ihre Reaktion dennoch bei aller Verzweiflung und Trauer vergleichsweise gemäßigt ausfällt – es offenbaren sich nur Anzeichen für ihre seelische Unruhe, nicht aber entsprechende daraus resultierende Handlungsweisen. Somit ist die Selbstkontrolle nicht gänzlich verloren.

„Then, in a long, dispassionate passage that contrasts vividly with the lyrical descriptions preceding it, the woman describes the difficult passage from her country estate to a life in emigration, a tale filled with loss, deprivation, and suffering." (Connolly 1982: 130) Ein Unglück nach dem anderen überkommt sie und wird von ihr beschrieben: „Весной восемнадцатого года, когда ни отца, ни матери уже не было в живых, я жила в Москве, в подвале у торговки на Смоленском рынке, которая все издевалась надо мной: ‚Ну, ваше сиятельство, как ваши обстоятельства?'" (167), „я еще долго жила в Константинополе, зарабатывая на себя и на девочку очень тяжелым черным трудом. Потом, как многие, где только не скиталась я с ней! Болгария, Сербия, Чехия, Бельгия, Париж, Ницца..." (168), „Девочка давно выросла, [...] стала [...] совершенно равнодушной ко мне" (ebd.). Die Protagonistin ist dazu gezwungen, ein Wanderleben zu führen, und zieht von Land zu Land, wobei ihr Leben nur aus harter Arbeit und der Erziehung eines Kindes besteht, das im Nachhinein den Bezug zu ihr verliert und sie gänzlich allein lässt – doch trotz alledem entsteht bei diesen Erinnerungen nie der Eindruck, dass sie sich beklagen und den Leser indirekt dazu zwingen würde, Mitleid für sie zu empfinden. Die ruhige Nüchternheit, mit der sie von schweren Schicksalsschlägen berichtet, ist bemerkenswert und weist auch hier auf ihren zuvor erwähnten Grundcharakterzug hin, nämlich die Fähigkeit, Gefühle für gewöhnlich nicht die Überhand nehmen zu lassen. Außerdem könnte hinzukommen, dass sie durch ihren tragischen Lebensverlauf zusätzlich innerlich abgestumpft ist und nicht länger die Kraft findet, das Durchlebte in intensive Emotionen zu fassen.

„Так и пережила я его смерть, опрометчиво сказав когда-то, что я не переживу ее" (168), schlussfolgert die Protagonistin am Ende und verdeutlicht damit, dass die Liebe für ihren Verlobten nicht etwa abgekühlt, sondern im Gegenteil in Form eines zwar traurigen, jedoch zugleich wärmenden Gefühls sorgsam aufbewahrt worden ist, um ihrem Leben bzw. *Über*leben einen Sinn zu verleihen. Der Titel der Erzählung ist hier in zweierlei Weise symbolisch, denn er steht sowohl für den letzten gemeinsamen glücklichen Abend der Protagonistin und ihres Verlobten als auch für das restliche Leben Ersterer, denn auch wenn sie danach Vieles durchleben und sich in unterschiedlichen Ländern aufhalten muss, scheint sich ihr innerer Zustand nicht zu verändern – sie lebt von der Erinnerung an jenen kalten Herbstabend: „Всегда спрашиваю себя: да, а что же все-таки было в моей жизни? И отвечаю себе: только тот холодный осенний вечер. [...] И это все, что было в моей жизни, – остальное ненужный сон." (ebd.) Daher ist auch ihre sachliche Beschreibung der letzten 30 Jahre, also des zweiten Teils, nachvollziehbar – dieser Lebensabschnitt hat für sie keinerlei Bedeutung und wird daher nicht mit Beschreibungen emotionaler Natur versehen.

Jener eine Abend erhellt die Düsternis ihres gesamten darauf folgenden Lebens und zeigt, wie viel Kraft sie aus der Liebe zu ihrem getöteten Verlobten hat schöpfen können, und das v. a. aus dem Glauben heraus, dass seine damaligen Worte sich bewahrheiten werden: „‚Ну что ж, если убьют, я буду ждать тебя там. Ты поживи, порадуйся на свете, потом приходи ко мне.' [...] И я верю, горячо верю: где-то там он ждет меня – с той же любовью и молодостью, как в тот вечер. [...] Я пожила, порадовалась, теперь уже скоро приду." (167f.) Hier äußert sich also auch ein christlicher Gedanke, da die Ich-Heldin an ein Leben nach dem Tod glaubt, sodass „надежды на скорую встречу с погибшим женихом бросают на весь рассказ мистический отсвет" (Michajlov 1976: 237). Nach wie vor stark, nicht aufgebend, mit dem Vertrauen auf einen positiven Ausgang, rührt die Protagonistin sehr mit ihrer Art, aus der Liebe zu einem Menschen zu überleben, der selbst bereits vor mehreren Jahrzehnten verstorben ist. „Бунин записал в дневнике 1 января 1945 года: ‚Очень самого трогает «Холодная осень»'". (Bkr1)

4.13 „Voron" (1944)

Der anonyme Ich-Held besucht nach dem Abschluss eines Lyzeums seinen verwitweten Vater, einen Mann von mürrischem und düsterem Wesen (vgl. 173ff.). Dieser hat eine neue Angestellte in seinem Hause, die junge Elena, die sich um seine achtjährige Tochter Lilja kümmert. Sie und der Ich-Held verlieben sich ineinander, doch ihnen ist keine dauerhafte Liebesbeziehung beschieden, da der Vater Elena für sich haben will und daher seinen Sohn ins Dorf schickt. Ein halbes Jahr später sieht dieser seinen Vater zusammen mit Elena, die nun dessen Frau ist, gemeinsam in einer Theaterloge. – Für die Analyse und Interpretation der Protagonistin ist zunächst eine kurze Betrachtung des Vaters von Bedeutung, denn die Besonderheit dieser Erzählung liegt darin, dass nicht etwa Elena als Frauenfigur im Fokus steht, sondern er. Auch wenn er eigentlich als anonymer Handlungsträger auftritt, wird ihm dennoch in gewisser Weise ein ‚Name' verliehen, der zugleich den Titel der Erzählung bildet: Als ‚Voron' bezeichnet ihn sein Sohn, da er

> занимал в [...] городе очень видный служебный пост, и это еще более испортило его; [...] даже в том чиновном обществе, к которому принадлежал он, не было человека более тяжелого, более угрюмого, молчаливого, холодно-жестокого [...]. Немного сутулый, грубо-черноволосый, темный, с длинным бритым лицом, большеносый, был он и впрямь совершенный ворон. (173)

Die Rabensymbolik wird hier negativ ausgelegt, da mit einem düsteren, grimmigen, grausamen Wesen gleichgesetzt, und sie hilft bei der Charakterisierung eines klischeebehafteten hochrangigen Beamten, denn „в правящих губернских сферах могли быть чиновники разных характеров, но высшая власть, управлявшая ими, создавала из них исполнителей холодных и жестоких, совершенно неспособных считаться с чувствами людей." (Volkov 1969: 368)

Das von ihm eingestellte Kindermädchen Elena ist „дочь одного из [его] мелких подчиненных" (173); sie hat das Gymnasium abgeschlossen und verfügt somit über einen Bildungshintergrund (vgl. 174). Allerdings stammt sie aus armen Verhältnissen, da ihr Vater „всего семьдесят пять рублей месячных" (ebd.) verdient, „а детей у него [...] еще пять человек, мал мала меньше." (ebd.) Die Beschreibung ihrer äußeren Attribute beschränkt sich alles in allem auf sehr wenige Informationen, die allerdings z.

T. die Vorstellung einer Intellektuellen – wenn auch oberflächlich – ergänzen: „худеньк[ая] белокур[ая] девушк[а] в легкой белой блузке с темными от горячего юного пота подмышками, под которой едва означались маленькие груди" (ebd.). Ihre Erscheinung hat etwas Leichtes an sich, und die seltenen weißblonden Haare verleihen ihr einen außergewöhnlichen und edlen Akzent.

Wohl nicht zuletzt aufgrund ihrer mittellosen Herkunft „была она в те дни бесконечно счастлива тем, что так хорошо устроилась тотчас после гимназии" (173), und ihre Umgebung profitiert laut dem Ich-Helden von ihrer Anwesenheit, denn „точно **солнце засияло** вдруг в нашей прежде столь **мертвой** квартире, – всю ее **озаряло** присутствие той юной, легконогой." (ebd.) Elena wird hier mit der Sonne verglichen, deren Licht und Wärme die zuvor öde und düstere Wohnung wieder aufleben lassen. Passend ist hier auch ihr Vorname „от σελ – светлая" (ĖsBĖ1), der somit ebenfalls zu einem Teil der in der Erzählung verwendeten Lichtsymbolik wird und sie als eine innerlich ‚erhellte' sowie ‚erhellende' Persönlichkeit darstellt. Ihre positive Wirkung auf andere Menschen lässt sich wohl am effektivsten anhand ihres Arbeitsgebers demonstrieren, der sich immens verändert: „Отец за обедами неузнаваем стал: не кидал тяжких взглядов [...], то и дело что-нибудь говорил, [...] обращаясь, конечно, только к ней, церемонно называя ее по имени-отчеству, – ‚любезная Елена Николаевна', – даже пытался шутить, усмехаться." (174)

Die junge Frau empfindet ihm gegenüber gegensätzliche Gefühle, denn sie „робела при отце за нашими чинными обедами" (ebd.) und „так смущалась, что отвечала лишь жалкой улыбкой, пятнисто алела тонким и нежным лицом." (ebd.) Einerseits ist ihre Schüchternheit sicherlich auf ihre niedere Abstammung zurückzuführen, welche ihr einen auf Angst basierenden Respekt vor der Obrigkeit einflößt, andererseits könnte es auch darauf hindeuten, dass sie nicht weiß, wie sie mit dem überraschend freundlichen Benehmen des Vaters umgehen soll, da sie heimlich in seinen Sohn verliebt ist und somit befürchtet, ihn zu verärgern, wenn sie nicht adäquat auf sein ungewohnt großzügiges Wohlwollen reagiert. Daher ist sie stets darauf bedacht „делать вид, что принимает все это за милые шутки, заставляла себя взглядывать на него, улыбаться" (175) und ihre Pflichten zu erfüllen: Sie „каждую минуту с тревогой след[ила] за черноглазой, [...] молчаливой, но резкой не только в каждом своем движении, но даже и в молчаливости Лилей, [...] все как-то вызывающе вертевшей своей черной головкой" (174) und duldet alle ihre Kaprizen; darüber hinaus bedient sie den Vater beim Teetrinken und leistet ihm außerdem dabei Gesellschaft: „Он пил чай с нами, [...] и за самоваром сидела она [...]. Он [...] протягивал ей свою чашку. Она наливала ее до краев, как он любил, передавала ему дрожащей рукой, наливала мне и себе и, опустив ресницы, занималась каким-нибудь рукоделием." (ebd.)

Es ist unbestreitbar, dass Elena in seiner Anwesenheit unter großer Befangenheit leidet und peinlich genau darauf achtet, kein auch noch so kleines Vergehen zu begehen; es scheint sie innerlich sehr zu belasten, mit ihm zusammen Zeit zu verbringen, doch sie bemüht sich darum, es ihm in jeder Hinsicht recht zu machen, und toleriert daher auch mit einem Lächeln seine stichelnden Bemerkungen seitens ihrer Herkunft (z. B.: „Шубка темно-синего лионского бархату и венецианский берет тоже пошли бы к вам... Все это, конечно, мечты', говорил он, усмехаясь. ‚[...] Вам скорей всего придется всю жизнь прожить в бедности. Но и то сказать: какая же беда в мечтах?'"; 175). Ihre Zurückhaltung und ihr feinfühliges Benehmen lassen sie sehr sympathisch erscheinen, und zusammen mit ihrer Schönheit „девушка представляется [отцу] подходящей женой-рабой" (Volkov 1968: 369), sodass er ihr regelmäßig ihre Mittellosigkeit, allerdings zugleich auch sein Wohlwollen ihr gegenüber vor Augen führt, welches sie aus ihrer ärmlichen Lebenssituation befreien könnte.

Im Ich-Helden findet sie einen ehrbaren Menschen mit festem Charakter, Loyalität und großer Liebe zu ihr, der ihr dazu verhilft, zumindest temporär eine innere Ruhe zu finden und sich vom Vater nicht mehr so sehr einschüchtern zu lassen: „Мы уже не обращали на него внимания, и она стала спокойнее и серьезнее за обедами." (176) Somit hat sie einen Halt im Leben und fühlt sich sicherer. Daher gesteht sie ihm ihre Liebe und wünscht sich, ihren Arbeitgeber verlassen zu können, um mit ihrem Geliebten eine vollwertige Beziehung führen zu können: „Боже мой, когда же это кончится! Скажи же наконец ему, что ты любишь меня, что все равно ничто в мире не разлучит нас!'" (ebd.) Elena macht den Eindruck einer unschuldigen jungen Frau, die sich nach Befreiung und einem Leben in Liebe und Harmonie sehnt, doch sie wird vom Ich-Helden getrennt, und das offenbart einen strittigen neuen Aspekt ihres Charakters. Im Winter desselben Jahres sieht der junge Mann sie im Mariinskij-Theater in St. Petersburg:

> Вдруг увидал и его и ее. Они сидели в ложе возле сцены [...]. Он, [...] сутулясь, вороном, внимательно читал [...] программу. Она, держась легко и стройно, в высокой прическе белокурых волос, оживленно озиралась кругом [...]. На шейке у нее темным огнем сверкал рубиновый крестик, тонкие, но уже округлившиеся руки были обнажены, род пеплума из пунцового бархата был схвачен на левом плече рубиновым аграфом... (177)

Mit diesen Worten endet die Erzählung. Elenas Kleidung und ihr Schmuck sind eine Materialisierung der Worte ihres Arbeitgebers, mit denen er sie gepeinigt hat, als er ihr auf schmerzhafte Weise ihre niedere Herkunft vor Augen geführt hat: „Белокурым, любезная Елена Николаевна, идет [...] пунцовое... Вот бы весьма шло к вашему лицу [...] средневековое платье пунцового бархату с небольшим декольте и рубиновым крестиком..."' (174)

Dadurch entsteht einerseits der Eindruck, dass Elena einen Verrat an ihrem Geliebten begangen hat, da sie letzten Endes dem Reichtum des ‚Voron' nicht hat widerstehen können. Dies könnte mithilfe ihres Verhaltens bekräftigt werden, da sie sich an der Seite ihres zuvor gefürchteten Ehemannes nicht unwohl zu fühlen scheint, sondern ganz im Gegenteil eine lebhafte Leichtigkeit und Neugier ausstrahlt. Somit hat sie sich ungleich dem Protagonisten nicht ihrem Geliebten zuliebe von der verlockenden finanziellen Versorgung abwenden können („Я уехал [...] к одному из моих лицейских товарищей [...]. Осенью, **по протекции его отца**, поступил [...] в министерство иностранных дел и написал отцу, что **навсегда отказываюсь не только от его наследства, но и от всякой помощи**"; 177). Zumindest wäre dies eine Interpretationsmöglichkeit.

Eine andere bestünde darin, dass sie sich aus familiären Gründen dazu gezwungen gefühlt hat, die Ehe einzugehen. Ihr Vater verdient nicht viel und muss mit Mühe und Not fünf weitere, kleine Kinder versorgen, sodass sie sich (v. a. da sie im heiratsfähigen Alter ist) als zusätzliche Belastung empfunden haben könnte, zumal sie wahrscheinlich ihre Anstellung als Kindermädchen verloren hätte, wenn sie ihren – nicht für seine Freundlichkeit und Gnade bekannten – Arbeitgeber abgewiesen hätte. Da ihr Geliebter außerdem nicht länger für sie erreichbar gewesen ist (und scheinbar auch nicht versucht hat, sie zu kontaktieren und ggf. mit sich zu nehmen), hat die Möglichkeit einer Heirat mit ihm nicht länger bestanden. Die Tatsache, dass sie sich im Theater so ungezwungen verhält, könnte einerseits darauf zurückzuführen sein, dass sie sich mittlerweile mit ihrem Schicksal abgefunden hat und nun im Zuge der Akzeptanz einen gewissen Gefallen daran findet, oder aber dass der Ich-Held aufgrund potentieller aufkommender Trauergefühle eine verzerrte Wahrnehmung von ihrem Verhalten hat.

Besonders interessant wird in diesem Zusammenhang noch einmal die Figur seines Vaters. Der durch den Einsatz der Protagonistin in gewisser Weise in Szene gesetzte düstere Beamte hat genauso wie seine junge Ehefrau einen sprechenden ‚Namen', der erst im Zusammenhang mit seiner Rolle in der Erzählung auffällt: Wenn man das Wort ‚ворон' entsprechend zerlegt, erhält man den bezeichnenden und (wenn man das erste Wort betont) denunzierend klingenden Satz ‚Вор он'. Ob Absicht oder nicht: Bunin hat mit diesem treffenden Erzählungstitel, der Symbol und Wortspiel zugleich ist, die Essenz des Werks auf die kürzestmögliche sowie eleganteste Weise zusammengefasst.

4.14 „ČISTYJ PONEDEL'NIK" (1944)

„Благодарю бога, что он дал мне возможность написать ‚Чистый понедельник'." (Bunin in Gorelov 1978: 584) – Neben Frauen wie Olja Meščerskaja aus der Erzählung „Legkoe dychanie"[7] oder Natali aus der gleichnamigen Kurzgeschichte ist die Protagonistin von „Čistyj ponedel'nik" eine der wenigen weiblichen Figuren aus Bunins Werk, denen seitens der Literaturwissenschaftler einige Aufmerksamkeit geschenkt wird (wohl nicht zuletzt aufgrund Vera Muromceva-Buninas Kommentar in einem Brief an den Schriftsteller P. L. Vjačeslavov: „Этот рассказ Иван Алексеевич считал лучшим из всего того, что он написал"; in Bunin 2006: 395). Wie man der laut Muromceva-Bunina von ihrem Ehemann auf ein Stück Papier geschriebenen Danksagung an Gott entnehmen kann, hat die anonyme weibliche Hauptfigur für ihren Erschaffer offenbar eine bedeutsame Rolle ge-

---

[7] Diese Erzählung ist nicht Teil des Werkes *Temnye allei*.

spielt. Ihr Wesen ist von nahezu ‚irritierend' komplexer Natur. Es ließe sich behaupten, dass sie „perhaps the most complex and enigmatic [...] protagonist" (Connolly 1982: 128) von allen ist, die in *Temnye allei* einen Auftritt haben; und doch ist sie zugleich jemand, der mindestens in seinen Grundzügen für viele Menschen (bisweilen schmerzhaft) nachvollziehbar ist. – In der Erzählung tritt erneut ein ebenfalls anonymer Ich-Held auf, der zusammen mit der Protagonistin in Moskau die Blüte der Jugendjahre genießt (vgl. 189ff.). Beide sind wohlhabend und verbringen sehr oft ihre gemeinsame Zeit in Restaurants, Theatern u. ä., wobei der junge Mann Schwierigkeiten mit dem unbeständigen Verhalten seiner Geliebten hat, jedoch eine tiefe Liebe zu ihr empfindet und sie gern heiraten würde. Allerdings verlässt sie ihn und geht ins Kloster, woraufhin er einem tiefen seelischen Trauma zum Opfer fällt, aus dem er sich längere Zeit nicht befreien kann.

Die junge Frau ist die Tochter eines wohlhabenden Kaufmanns und wohnt allein in einer gut ausgestatteten Zweizimmerwohnung gegenüber der Christ-Erlöser-Kathedrale (vgl. 190). Ihr Äußeres ist von auffälligen Kontrasten gezeichnet:

> У нее красота была какая-то индийская, персидская: смугло-янтарное лицо, великолепные и несколько зловещие в своей густой черноте волосы, мягко блестящие, как черный соболий мех, брови, черные, как бархатный уголь, глаза; пленительный бархатисто-пунцовыми губами рот оттенен был темным пушком; выезжая, она чаще всего надевала гранатовое бархатное платье и такие же туфли с золотыми застежками. (190f.)

Die von den ausdrucksstarken Farben Rot und Schwarz geprägte und dadurch beinahe ‚aggressiv' wirkende Exotik lässt sie in ihrer Üppigkeit wie eine seltene, flammende Kostbarkeit erscheinen. Ihre Kleidungswahl lässt darauf schließen, dass sie sich ihrer ungewöhnlichen körperlichen Reize bewusst ist, denn sie betont sie durch das Kleid und die Schuhe nur noch mehr. Abrundend wirken hierbei ее „медленный голос" (193) und „какой-то слегка пряный запах ее волос" (ebd.). Es entsteht der Eindruck einer berauschenden sinnlichen Weiblichkeit, welche einen starken orientalischen Akzent trägt; nebenbei bemerkt, verbindet sich auf diese Art interessanterweise eine doppelte Sehnsucht in der Person der Protagonistin, nämlich die nach einer wunderschönen Frau sowie die nach dem Zauber des Orients, der u. a. im von Bunin miterlebten Silbernen Zeitalter für viele Intellektuelle des russischen Volkes einen Reiz dargestellt hat („К нам подошел с бокалом в руке [...] Качалов, поднял бокал и, с деланной мрачной жадностью глядя на нее, сказал своим низким актерским голосом: ‚[...] Шамаханская царица, твое здоровье!'"; 198).

Den Anfang der Beschreibung ihrer Person bildet aber jene zuvor erwähnte Eigentümlichkeit ihres Charakters, die sich wie ein roter Faden durch die Erzählung zieht:

> Каждый вечер я возил ее обедать [...]. Чем все это должно кончиться, я не знал и старался не думать, не додумывать: [...] она раз навсегда отвела разговоры о нашем будущем; она была загадочна, непонятна для меня, странны были и наши с ней отношения [...]; и все это без конца держало меня в неразрешающемся напряжении, в мучительном ожидании. (189)

Der Ich-Held führt eine Liebesbeziehung mit einer Frau, die ihn fasziniert und die er zugleich nicht begreift, da sie sich ihm nicht ausreichend öffnet und kaum verwertbare Anhaltspunkte für ihr Innenleben gibt, zumal „она была чаще всего молчалива: все что-то думала, все как будто во что-то мысленно вникала" (191). Die Beweggründe ihrer Handlungen (wie z. B. auch die Verbindung zum Ich-Helden) bleiben verborgen, in gewisser Weise nicht zuletzt auch vor ihr selbst, denn eines Tages konfrontiert sie ihren Geliebten mit der plötzlichen, entwaffnenden Frage: „‚Зачем все делается на свете? Разве мы понимаем что-нибудь в наших поступках?'" (189) Damit kommt bereits zu Anfang der Geschichte die zentrale Frage auf, mit der sich die Protagonistin angestrengt auseinanderzusetzen scheint.

Um ihr auf den Grund zu gehen, unternimmt sie verschiedenste Versuche – und verliert sich in dem Effekt, den sie auf sie haben (oder auch nicht haben):

> Похоже было на то, что ей ничто не нужно: ни цветы, ни книги, ни обеды, ни театры, ни ужины за городом, хотя все-таки цветы были у нее любимые и нелюбимые, все книги, какие я ей привозил, она всегда прочитывала, шоколаду съедала за день целую коробку, за обедами и ужинами ела не меньше меня, [...] иногда говорила: „Не понимаю, как это не надоест людям всю жизнь, каждый день обедать, ужинать." (190)

Mit großem Eifer nimmt sich die junge Frau all jener Elemente an, aus denen der Alltag des (hauptsächlich gut situierten) Menschen konstruiert sein kann, doch alles wird vor dem Hintergrund zuvor zitierter Frage beleuchtet und dann mit Unverständnis und Irritiertheit bedacht. Sie verhält sich wie jemand, der nicht in die Welt gehört, in welcher er sich befindet, und daher alles auf seine Qualität und Wirkung untersucht – nur um festzustellen, dass er nicht begreift, wie das Leben aus solcherlei Dingen zusammengesetzt sein kann. Vieles wird von ihr begonnen und wieder abgebrochen, wie beispielsweise das Erlernen der „Mondscheinsonate" Beethovens: В первой [комнате] [...] стояло дорогое пианино, на котором она все разучивала медленное, сомнамбулически прекрасное начало ‚Лунной сонаты' – только одно начало." (ebd.)

Die Unbeständigkeit in Bezug auf ihre Interessen und Hobbys weist auf ein grundlegendes Problem ihres Wesens hin: „Ее сознание разорвано." (Michajlov 1976: 234) Sie ist sich dessen bewusst, dass gutes Essen, Theaterbesuche oder das Lesen anregender Bücher Glücksgefühle und eine geistige Befriedigung auslösen können, und sie will diese ganz offenbar auch selbst verspüren und nach Möglichkeit „‚испить' свою долю радости." (Smirnova 1991: 178) Doch es scheint sie nichts ausreichend anzusprechen und zu erfüllen, nichts kann ihren suchenden, nahezu umherirrenden Geist beruhigen und ausbalancieren, obwohl sie kaum etwas unversucht lässt, angefangen bei Universitätskursen („Она зачем-то училась на курсах, довольно редко посещала их, но посещала"; 189) bis hin zur Teilnahme an sorglos-ausgelassenen Feiern des Moskauer Kunsttheaters:

„Заезжайте ко мне завтра вечером не раньше десяти. Завтра ‚капустник' Художественного театра." – „Так что?", спросил я. „Вы хотите поехать на этот ‚капустник'?" – „Да." – „Но вы же говорили, что не знаете ничего пошлее этих ‚капустников'!" – „И теперь не знаю. И все-таки хочу поехать." Я мысленно покачал головой – все причуды. (197)

Die Protagonistin empfindet ihre Umwelt als reizvoll und will ein Teil von ihr sein, weshalb sie sich wohl wie kaum ein anderer mit ihr auseinandersetzt und sich stets darum bemüht, sie in jeder möglichen Hinsicht zu erleben, zu verarbeiten und v. a. zu genießen. Dabei lässt sie weder „здоровы[е] запрос[ы] человеческого счастья" (Smirnova 1991: 178) noch „высш[ую] духовн[ую] красот[у]" (ebd.) aus. Doch der Reiz hält nicht lange an, und sie fällt schnell auf den Nullpunkt, ihre von Frustration und Verwirrung geprägte Ausgangslage, zurück. Wie ironisch wirkt die Tatsache, dass sie „наделена властной женской прелестью, волей и жаждой жизни" (Michajlov 1976:

235), wo sie doch „в то же время [...] придавлена безнадежностью и беспомощностью" (ebd.). Es ließe sich darüber streiten, ob sie nicht letzten Endes selbst die Ursache und Quelle dieses Zustandes ist.

Auffällig und erwähnenswert ist in diesem Zusammenhang die Parallele ihres Charakters zur kulturellen Atmosphäre im vorrevolutionären Moskau, die vom Ich-Erzähler ebenfalls durch die Erwähnung bestimmter Namen umrissen bzw. angedeutet wird: „Я привозил ей [...] новые книги – Гофмансталя, Шницлера, Тетмайера, Пшибышевского" (190), „Как-то в декабре, попав в Художественный кружок на лекцию Андрея Белого, ..." (191), „И опять весь вечер говорил только о постороннем – о новой постановке Художественного театра, о новом рассказе Андреева..." (193) Das Vorhandensein und Konkurrieren verschiedener Naturen in der Protagonistin wird hier indirekt auch auf Moskau übertragen, um auf „сочетание седой древности монастырей, соборов с новейшими достижениями культуры" (Smirnova 1991: 177) aufmerksam zu machen. Das reformierte Kunsttheater mit der innovativen Methodik Anton Čechovs sowie der Spiegelung der „веяния эпохи в искусстве и в общественной жизни" (Bkr2) in den Theaterstücken und dem Schauspiel der Darsteller, das Schaffen der Symbolisten und der ausländischen Modernisten jener Zeit, die expressionistischen Werke Leonid Andreevs – dies sind alles bedeutsame Beispiele für die russische Moderne.

Ihr wird die aus den Gedächtnissen schwindende Zeit der alten Rus' entgegengesetzt, die schließlich das Schicksal der jungen Frau besiegelt; dies wird bereits ganz zu Anfang angedeutet, indem die sich ihrer Wohnung gegenüber befindende Christ-Erlöser-Kathedrale erwähnt wird, welche die größte der russisch-orthodoxen Kirchen darstellt (vgl. MIP). Am Tag des ‚прощеное воскресение'[8] überrascht sie den Ich-Helden mit dem Thema, das sie mehr einzunehmen beginnt als alles andere:

---

[8] Definition: „Последнее воскресенье перед началом Великого поста именуется Церковью Неделей сыропустной (так как именно сегодня заканчивается употребление в пищу молочных продуктов) или Прощеным воскресеньем. В этот день после вечернего богослужения в храмах совершается особый чин прощения, когда священнослужители и прихожане взаимно испрашивают друг у друга прощение, чтобы вступить в Великий пост с чистой душой, примирившись со всеми ближними." (Zavet.ru1)

„Вчера утром я была на Рогожском кладбище..." Я удивился [...]: „На кладбище? Зачем? Это знаменитое раскольничье?" – „Да [...]. Допетровская Русь! Хоронили архиепископа. И вот представьте себе: гроб – дубовая колода, как в древности, золотая парча будто кованая, лик усопшего закрыт белым ‚воздухом', шитым крупной черной вязью – красота и ужас. А у гроба диаконы с рипидами и трикириями..." – „Откуда вы это знаете? Рипиды, трикирии!" – „Это вы меня не знаете. [...] Я, например, часто хожу [...], когда вы не таскаете меня по ресторанам, в кремлевские соборы, а вы даже и не подозреваете этого..." (194)

Ihre letzten Sätze klingen wie ein Vorwurf, auf den sie genau genommen kein Recht hat, da sie ihrem Geliebten kaum Gelegenheiten gibt, ihren Charakter und ihre Neigungen kennenzulernen – wohl da sie vermutet, dass er sie in dieser Angelegenheit nicht verstehen würde, wie sie im Nachhinein auch tatsächlich hinzufügt: „„Да нет, вы этого не понимаете!"" (ebd.) Dennoch öffnet sie sich ihm, da sie endlich etwas gefunden hat, zu dem sie eine Verbindung aufbauen kann und wofür sie sich zu begeistern fähig ist. Davon zeugen ihre vertieften Kenntnisse (z. B.: „диаконы с рипидами и трикириями"), aber v. a. auch die schwärmende Leidenschaft und ehrfürchtige Faszination sowie der Eifer, mit dem sie ihnen nachgeht (z. B.: „Допетровская Русь!" oder „красота и ужас").

Nachdem die Protagonistin in der modernen Welt also nichts gefunden hat, das sie halten würde, wendet sie sich dem Altertum zu und taucht in seine Geschichte und Spiritualität ein, um die Ursprünge ihres Heimatlandes zu spüren:

„[Я русское летописное, русские сказания так люблю, что до тех пор перечитываю то, что особенно нравится, пока наизусть не заучу.] Как хорошо. И вот только в каких-нибудь северных монастырях осталась теперь эта Русь. Да еще в церковных песнопениях. Недавно я ходила в Зачатьевский монастырь – вы представить себе не можете, до чего дивно поют там стихиры! А в Чудовом еще лучше. Я прошлый год все ходила туда на Страстной. Ах, как было хорошо! [...] На душе как-то нежно, грустно и все время это чувство родины, ее старины... Все двери в соборе открыты, весь день входит и выходит простой народ, весь день службы... Ох, уйду я куда-нибудь в монастырь, в какой-нибудь самый глухой, вологодский, вятский!" (196)

Das Vergangene, Ungreifbare und doch auf eine transzendent anmutende Weise in historischen Aufzeichnungen, Legenden, Kirchenliedern etc. zu Spürende berührt sie tief und scheint sie durchaus mehr zu reizen als das Geschehen der aktuellen Zeit. Bezeichnend ist daher ihr Ausruf am Ende,

89

der nicht nur im Affekt dahingesagt ist, sondern ein Zeichen tatsächlicher, ausgeprägter Sehnsucht nach einem Ort ist, an dem sie die bisher schmerzhaft unerreichte Seelenruhe und Ausgeglichenheit zu finden hofft. Dabei ist der Erzählungstitel „Чистый понедельник", also der erste Tag der 40-tägigen Fastenzeit[9], von symbolischer Bedeutung: „этим заглавием подчеркивается резкий перелом в судьбе героини – переход от тех дней, когда они наполнялись всякого рода развлечениями, хождениями в рестораны и проч., – к жизни, связанной с Марфо-Мариинской обителью" (Bkr), in welcher der Ich-Held sie als Nonne wiedersieht. Hierbei sollte allerdings ergänzt werden, dass dies sich lediglich *vermuten* lässt, da Bunins Beschreibung nicht eindeutig ausfällt:

> И вот одна из идущих посередине [инокинь или сестер] вдруг подняла голову [...], загородив свечку рукой, устремила взгляд темных глаз в темноту, будто как раз на меня... Что она могла видеть в темноте, как могла она почувствовать мое присутствие? Я повернулся и тихо вышел из ворот. (200)

Das anachronistische Element in ihrem Charakter lässt die Protagonistin ebenfalls wie einen (wieder gefundenen) Teil vergangener Zeiten erscheinen. Vermutlich reizt sie das Leben im Kloster durch die Hinwendung zum Transzendenten, das über all dem Materiellen des Alltags steht, den sie zuvor mit letztendlicher Enttäuschung gelebt hat, sowie durch die Abschottung von allen sie ablenkenden und irritierenden säkularen Dingen und die damit einhergehende Einsamkeit und Ruhe. Bedacht werden sollte hierbei ein wichtiger Gedanke, den auch sie selbst direkt äußert: „‚Не знал, что вы так религиозны.' – ‚Это не религиозность. Я не знаю что...'" (194) Die Protagonistin ist ihrer Verhaltensweise nach tatsächlich offenbar nicht religiös, sondern findet in der Religion lediglich die (potentielle Möglichkeit zur) Seelenruhe, nach der sie sich sehnt.

Erwähnenswert ist die Wirkungslosigkeit ihrer Liebesbeziehung zum Ich-Helden, dem sie durch ihr schwer zu entzifferndes, befremdliches Benehmen innere Qualen bereitet, da er sie innig liebt, ihm jedoch immer wieder bewusst wird, dass er nicht weiß, woran er bei ihr ist und ob er eine

---

[9] Definition: „Первый день Великого Поста называется Чистым понедельником. Это нецерковное название закрепилось потому что в России был обычай чистить дом от ‚духа масленицы', завершившейся накануне, и ходить в баню, чтобы вступать в Великий Пост очищенными духовно – через испрашивание прощения в Прощеное воскресенье – и телесно." (Zavet.ru2)

Chance hat, ihr vollwertiger Lebenspartner werden zu können: „Я отвозил ее домой, на подъезде, закрывая от счастья глаза, целовал мокрый мех ее воротника и в каком-то восторженном отчаянии летел к Красным воротам. И завтра и послезавтра будет все то же, думал я, – все та же мука и все то же счастье..." (193) Zu ihrer einzigen Verteidigung könnte man in diesem Falle anmerken, dass sie mit ihm zusammen leidet – da sie nämlich auch in dieser Angelegenheit mit Unverständnis reagiert und dementsprechend keine Erfüllung in ihr findet: „Я поминутно искал ее жаркие губы – она давала их, дыша уже порывисто, но все молча. [...] Через четверть часа она выходила из спальни одетая, готовая к выезду, спокойная и простая, точно ничего и не было перед этим" (192), „Вскоре после нашего сближения она сказала мне, когда я заговорил о браке: ‚Нет, в жены я не гожусь. Не гожусь, не гожусь...'" (ebd.), „Я [...] с умилением глядел на ее маленький след, на звездочки, которые оставляли на снегу новые черные ботики – она вдруг обернулась, почувствовав это: ‚Правда, как вы меня любите!', сказала она с тихим недоумением, покачав головой." (194) – Sie gibt sich der Beziehung hin, ‚probiert' gewissermaßen auch hier unterschiedliche sich bietende Möglichkeiten ‚aus', doch nichts davon kann zu ihr durchdringen, sie bewegen; umso mehr scheint sie das Konzept der Liebe sowie die Vergötterung ihrer Person durch ihren Liebhaber zu erstaunen, denn sie kann sich nicht vorstellen, wie dieses intensive und tiefgehende Gefühl zustande kommt. Somit wird es nur noch zu einem weiteren (und wohl zum besonders quälenden) Problem für sie: „Письмо [...] было кратко – ласковая, но твердая просьба не ждать ее больше, не пытаться искать, видеть: ‚В Москву не вернусь, пойду пока на послушание, потом, может быть, решусь на постриг... Пусть Бог даст сил не отвечать мне – бесполезно длить и увеличивать нашу муку...'" (199) Trotz der inneren Unausgeglichenheit, der emotionalen Zerrissenheit, beweist die junge Frau angesichts ihres Dilemmas aber auch eindeutig eine bemerkenswert große Stärke, denn im Laufe ihrer Suche nach Erfüllung hätte sie sich aus wachsender Verzweiflung theoretisch auch das Leben nehmen können (vgl. Michajlov 1976: 235).

Die Protagonistin erinnert an einen philosophischen Menschentypus, der sich dessen bewusst ist, dass den (eigenen) Sinn des Lebens zu finden und zu definieren ein enormes Problem darstellt, und beinahe krampfhaft angestrengt nach einer Lösung sucht – einem ausfüllbaren Platz in der Welt, wie der Stoiker es formulieren würde. Dabei führt sie sich und ihrem Liebhaber mehrmals vor Augen, dass man bei der Bewusstmachung von Elementen aus dem (säkular geprägten) Alltag und bei ihrer genauen Hinterfragung keine zufrieden stellende Antwort erhält: Warum gibt es dieses oder jenes, warum fühlt sich etwas so an wie es sich anfühlt etc.? Sie ist sich der Grenzen des menschlichen Denkens bei stark vertiefter Wahrnehmung akut bewusst – übertrieben akut, und aus diesem Grunde fühlt sie sich von ihnen gestört. Die Erkenntnisfähigkeiten des Menschen bzw. die ihren im Speziellen reichen ihr nicht aus und enttäuschen sie, sodass sie sich ihrer nicht länger bedienen will und nach einem Fluchtweg zu suchen beginnt. – Bei der Beschreibung dieser ungewöhnlichen Persönlichkeit erzielt Bunin durch die Erzählerwahl einen ganz besonderen Effekt:

> Утонченное мастерство писателя сказалось здесь в том, что языком такого человека он сумел донести всю сложную, серьезную натуру героини. Не проще ли было вести речь от ее лица? Но ведь тогда мы не почувствовали бы исключительность этого женского характера. (Smirnova 1991: 177)

5. Eine Ode an die Frau

Als ein Schmied sorgsam gefertigter verbaler Kunstwerke sowie zugleich ein Menschenversteher mit scharfer Beobachtungs- und Analysiergabe war Ivan Bunin fähig, Gedanken, Gefühle und Handlungen diverser Personen präzise und in all ihrer Fülle zu vermitteln. Dieses Talent verhalf ihm dazu, das Wesen der Frau in eine große Vielfalt von Protagonistinnen zu destillieren, denen viele seiner Prosawerke gewidmet sind. Ein Paradebeispiel dafür ist der Erzählband *Temnye allei*: Die darin zusammengestellten Geschichten sind in ihrer Gesamtheit ein Versuch Bunins, das von ihm geäußerte Mysterium der Weiblichkeit so weit wie möglich zu erfassen und zu formulieren. „Причину возвышенно-мистического отношения Бунина к женщине можно искать в его натуре" (1987: 207), schreibt Gejdeko, „обостренно восприимчивой к любым жизненным диссонансам, к подсознательным, интимно-психологическим сторонам жизни. Можно говорить и о том, что Бунин сильнее [...] жил ощущениями, больше подчинялся сердцу, чем рассудку."

Sein feinfühliger Charakter ermöglichte es ihm, die rational nicht zu erfassenden Objekte seiner (für die männliche Welt stellvertretenden) Faszination im Tiefgang von bemerkenswerten Ausmaßen darzustellen. In Bezug auf besagte Faszination ließe sich behaupten, dass „в таком представлении Бунина о женщине [есть] нечто идеализированное, романтизированное" (ebd.: 205), jedoch kann man dies bei eingehender Betrachtung lediglich über seine schriftlich abgefasste Stellungnahme zu diesem Thema sagen, denn in seinem künstlerischen Schaffen wird sein Interesse für das Wesen der Frau von ihm in die Kreierung authentischer, lebendig wirkender Figuren umgesetzt, die keineswegs idealisiert und somit weit hergeholt erscheinen, sondern durchaus als adäquate Orientierungen an realistischen Beispielen angesehen werden können. Er sah also in den Frauen, wie sie theoretisch auch von anderen wahrgenommen werden können, etwas, das längst nicht jeden dazu verleiten würde, sie für Objekte mit in den Bann ziehender, fesselnder Wirkung zu erklären.

Es überrascht daher nicht, in so gut wie allen untersuchten Kurzgeschichten entweder einen Ich- oder einen personalen Erzähler vorzufinden, welcher stets männlichen Geschlechts ist; mit ihm interagieren die Protagonistinnen besonders häufig und werden entsprechend von ihm und somit stets von einer rein subjektiven Instanz beschrieben, wobei es sich bei der mittels seiner Worte dargestellten Handlung mehrmals um Erinnerungen aus einer abgeschlossenen und weit zurückliegenden Lebensperiode handelt. Dies ist bei folgenden Erzählungen der Fall: „Pozdnij čas", „Rusja", „Tanja", „Galja Ganskaja", „Natali", „Voron". (Eine Ausnahme bildet hier „Cholodnaja osen'", da die weibliche Ich-Erzählerin als Einzige ihrer Art unter den männlichen Erzählern hervorsticht.) Auffällig ist, dass „преобладает тип мужчины культурно-интеллигентской среды, близкой писателю: мужчины-дворяне, [...] писатели, [...] художник" (Karpov 1999: 122) und Studenten bzw. Hochschulabsolventen. Dies und die Erzählsituation könnten als Verbindungen zum Autor gedeutet werden, wenn man davon ausgeht, dass der Band als eine Art ‚Frauenstudie' betrachtet werden kann. Hieran lässt sich Reeses Anmerkung anschließen, die weiblichen Hauptfiguren seien direkte Beobachtungsobjekte der Protagonisten, die wiederum dem Autor die Möglichkeit bieten, sie auf indirekte Weise *ebenfalls* zu betrachten und zu analysieren (vgl. Kap. 2). – In Bezug auf Charaktanten lässt sich sagen, dass alles in allem die Erzähler die wichtigste Rolle beim Charakterisieren der Protagonistinnen aus der Sicht anderer Figuren spielen; andere Personen sind hierbei durch ihre für gewöhnlich stark eingeschränkten Auftritte von keinerlei Bedeutung – außer Sonja Čerkasova aus „Natali", welche anfänglich im Vordergrund steht, die eigentliche Hauptfigur vorstellt und zu ihrem Auftritt hinführt.

Bei der direkten Rede geschieht stets eine authentische Anpassung an die jeweilige soziale Abstammung und die Lebenserfahrungen einer jeden Frau, die ihre Handlungsweise adäquat abrundet – von der gehobenen, intelligent-spitzfindigen Sprache einer Rusja über die einfache, jedoch dem religiösen Lebensstil entsprechend mit Fachvokabular vermengte Wortwahl einer Mašen'ka hin zur saloppen, ungebildeten Ausdrucksweise einer Polja:

Rusja: „,Можно узнать, **какие премудрости вы изволите штудировать?**' – ‚Историю французской революции.' – ‚Ах, бог мой! **Я и не знала, что у нас в доме оказался революционер!**' – ‚А что ж вы свою живопись забросили?'" (39), „,А вы покажите мне что-нибудь из ваших писаний.' – ‚А вы думаете, что вы что-нибудь смыслите в живописи?' – ‚Вы страшно самолюбивы.' – ‚Есть тот грех...'" (ebd.)

Mašen'ka: „,Есть же зверь Тигр-Ефрат. Раз в церкви написан, стало быть, есть.'" (16), „,Ночь-то уж грозная стала.' – ‚Почему грозная?' – ‚А потому, что потаенная, когда лишь **алектор**, петух, по-нашему, да еще **нощной вран**, сова, может не спать.'" (18)

Polja: „Не **хочете** ли разделить компанию?'" (157), „,терпеть не **можут**'" (158), „,ишь какой на вас **клош** и шляпа'" (ebd.), „,у **ней** чахотка'" (ebd.) „,Я **сичас, сичас**'" (161), „,идет чудная **фильма**'" (162).

Da die Protagonistinnen in beinahe allen Erzählungen mehrmals bis sehr häufig zitiert werden (und eine von ihnen eine ganze Geschichte als Ich-Erzählerin darlegt), liegt ausreichend Material vor, um am jeweiligen Sprachgebrauch grundlegende Elemente ihres bisherigen Lebensablaufes erkennen bzw. nachweisen zu können („Pozdnij čas" ist dabei eine Ausnahme, da der weiblichen Hauptfigur keine direkte Rede zugewiesen ist).

Ein interessanter und auffälliger Akzent wird auf die Beschreibung des Aussehens gelegt, da der Autor jeder Protagonistin ein stark individualisiertes Aussehen zuweist und damit die Mannigfaltigkeit des weiblichen Äußeren bemerkenswert ausschöpft, zumal die Beschreibungen über Kleidung, Schmuck und Kosmetik hinausgehen, sodass dem hüllenlosen Körper der Frau ebenfalls betont Aufmerksamkeit geschenkt wird. Bunin ist es gelungen, „den weiblichen Körper in seinen vielerlei Ausprägungen und gleichermaßen in seiner Ursprungsform angemessen abzubilden" (Reese 2003: 217), wobei „derart intime Zeichnungen des weiblichen Körpers im Übrigen erstmals in Bunins Werk [erscheinen] und ein Novum in der russischsprachigen Literatur [sind]" (ebd.). Dezent und von einer natürlichen Ästhetik, muten sie dabei zu keiner Zeit unanständig oder gar obszön an. Mit anderen Worten: Es werden lediglich authentische Bilder physischer Beschaffenheiten gezeichnet, ohne dass der Eindruck entsteht, der Autor würde mit dem Thema liederlich umgehen und Grenzen der Natürlichkeit und Romantik überschreiten. Selbst bei ‚delikateren' Fällen wie Zojka aus „Zojka i Valerija" oder Polja aus „„Madrid'" gelingt es ihm, die richtigen Worte zu finden, ohne die Figuren unschicklichen Darstellungen anheim fallen zu lassen; die geistig zurückgebliebene Zojka begegnet dem Leser als Mädchen von gerechtfertigt freizügigerem Verhalten, und Polja wird außerhalb der negativen Klischees ihres Gelderwerbs vorgestellt und stellt auf ihre Weise ein bewegendes ‚In-Schutz-Nehmen' jener zahlreichen ungebildeten Frauen dar, die vom Schicksal dazu gezwungen wurden, in der Großstadt nach der Zuwanderung ihren Körper zu verkaufen.

Unter den zahlreichen untersuchten Frauenfiguren finden sich so einige, die durch ihre betont repräsentative Darstellung unterschiedlicher kultureller, psychologischer und sozialer Menschentypen bestechen. So ist „странница Машенька" aus kultureller Sicht das lebhaft gezeichnete Porträt eines ‚калика' und veranschaulicht den Lebensstil eines solchen slavischen Pilgers; zugleich deutet sie die schwindende Macht der Kirche im 19. und zu Beginn des 20. Jahrhunderts an. Ol'ga symbolisiert die Vielzahl in Frankreich vereinsamter russischer Emigranten. Rusja und Natali stehen für den verfallenden Adel des alten zaristischen Russlands. Außerdem verkörpern sie zusammen mit Valerija und der anonymen Protagonistin aus „Čistyj ponedel'nik" einen „тип русской женщины с отчетливо выраженными восточными чертами" (Karpov 1999: 125). Wie Reese schreibt, fällt unter Bunins Frauenfiguren ein dunkler Typ auf, und Karpov macht auf dessen Interesse an Menschen aufmerksam, „в которых ярко выражено [...] древнее" (1999: 129). Einen Höhepunkt findet es z. B. in der Erzählung „Kamarg" (ebenfalls ein Bestandteil von *Temnye allei*), in der die Protagonistin wie folgt beschrieben wird: „Тонкое, смуглое лицо, озаряемое блеском зубов, было древне-дико. Глаза, долгие, золотисто-карие, полуприкрытые смугло-коричневыми веками, глядели внутрь себя – с тусклой первобытной истомой." (178) Diese Art von ‚urzeitlicher' Schönheit findet sich auch in weiteren Werken des Erzählbandes wieder („Sto rupij", „Vesnoj, v Iudee") und erscheint „в ослабленном варианте [...] в русских красавицах восточного типа, только теперь древняя красота [...] соединя[е]тся с утонченностью натуры" (Karpov 1999: 130f.). Auffällig gezeichnete soziale Menschentypen werden von Sonja und Rusja dargestellt: Beide sind denjenigen jungen Frauen nachempfunden, die einen langsam verfallenden Haushalt stützen müssen und somit den Zwängen der Mutter bzw. des Vaters erliegen, sodass sie kein Leben in einer von ihnen gegründeten Familie beginnen können, da sie dazu verpflichtet werden, sich an ihr Elternhaus zu binden und Hilfe zu leisten. Ein markanter psychologischer Menschentyp wird von der anonymen Protagonistin aus „Čistyj ponedel'nik" demonstriert, da sie auf ausführliche Weise die verzweifelte Suche einer Person nach sich selbst und nach einer inneren Ruhe symbolisiert.

Wenn man die Beziehungen der Protagonistinnen betrachtet, sind hauptsächlich nur jene von Bedeutung, die sie zu Männern aufbauen und die zu kurzzeitigen Affären oder auch zu längeren Bindungen führen (außer in „Ballade", da dort keine Liebschaft vorliegt). Auch wenn „повествование нюансируется бытовыми, социальными, семейными реалиями [...], отношения женщины с другими людьми [...] или отмеча[ю]тся немногочисленными деталями, или убира[ю]тся на второй план" (Karpov 1999: 119), da sie wenig Wesentliches zur Charakterisierung der Frauen beitragen. Ausnahmefälle sind die Kontrastierungen von Frauen wie es bei Zojka und Valerija sowie Sonja und Natali der Fall ist. Somit werden die Frauenfiguren fast immer durch das Prisma von Liebesverhältnissen gesehen, sie ziehen auf die eine oder andere Weise einen männlichen Protagonisten in ihren Bann. „Перед читателем предстают удивительные женские характеры, в свете которых меркнут мужские образы. [...] Мужчины как правило, лишь фон, оттеняющий характер и поступки героини." (Karpov 1999: 117) (Hier findet sich eine Ausnahme in Form des Vaters in „Voron".) Dabei ist zu beobachten, dass „в любви женщина [...] чаще всего выше, одухотворённее героя" (Michajlov 2001: 17).

Bei der Frage nach dem Profilierungsgrad verleitet Reeses Sichtweise zur Annahme, dass der Erzählband nicht in erster Linie eine Frauenstudie ist, sondern eher eine Studie der *äußeren Erscheinung* der Frauen, sodass diese insgesamt nicht als runde Charaktere zu bezeichnen sind. Wenn Reese mit ihrer Beobachtung Recht hätte, wäre Bunins Erzählband tatsächlich als eine Art leichter Pornographie zu kategorisieren, da die Individualisierung der Personen sowie ihre darauf aufbauende Interaktion mit den anderen Figuren nur vermeintlich wären und der eigentliche Fokus auf dem Körper wäre. Dies ist jedoch ein etwas zu achtlos dahingestelltes und zu hinterfragendes Statement. Alle untersuchten Frauenfiguren werden nicht nur in ihrer Körperlichkeit, sondern auch in Vielem anderen, das sie definiert, je nach Geschichte zumindest ansatzweise erfasst und beschrieben. Der Akzent auf der Beschreibung von Äußerlichkeiten erscheint zunächst so groß, da Bunin sich dabei im Vergleich zu den anderen Vertretern der russischen Literatur sehr weit vorwagt – es wäre möglich, dass Reese sich davon abgelenkt gefühlt haben könnte, denn in der Gesamtbetrachtung ist nicht zu leugnen, dass Bunin genauso viel Wert auf die Darstellung von Äußerungen, Gefühlsausdrücken, Handlungsweisen u. ä. legt. Andernfalls wäre es nicht möglich gewesen, zu jeder Protagonistin Figurenanalysen zu schreiben, wie sie in dieser Thesis zu lesen sind. Es ist ausreichend Material vorhanden, und jede Frau zeichnet sich durch einen anderen Charakter aus, der für gewöhnlich in nachvollziehbaren Zügen dargelegt und deutlich von den anderen abgegrenzt werden kann. Paradebeispiele sind die anonyme weibliche Hauptfigur aus „Čistyj ponedel'nik", welche so sehr durch die Komplexität ihres Wesen besticht, die ebenfalls anonyme Protagonistin aus „Pozdnij čas", die äußerlich gesehen lediglich als verschwommene Gestalt vor das geistige Auge des Lesers tritt und somit physisch nur mit Mühe zu erfassen ist, oder gar die Ich-Heldin aus „Cholodnaja osen'", von welcher man überhaupt keine verwertbaren Beschreibungen ihres Aussehens erhält. Zwar lässt sich einräumen, dass die Protagonistinnen in „Pozdnij čas", „Genrich" und „Voron" im Vergleich zu den anderen recht eingeschränkte Untersuchungen ihres Charakters erlauben, doch zur Verteidigung des Autors kann man sagen, dass es sich genauso auch mit ihrer äußeren Erscheinung verhält; dies macht sie also nicht zu vollwertig runden Charakteren, setzt sie allerdings auch über flache Charaktere hinweg. – Ein nicht unwichtiges Element in der Ergänzung der Profilierung stellen die Titel der Erzählungen dar, denn fast alle von ihnen bestehen entweder aus dem Namen der jeweiligen weiblichen Hauptfigur (sieben an der Zahl) oder aber aus einem/mehreren Begriff/-en, die für einen wichtigen Abschnitt in deren Leben („V Pariže", „Madrid'", „Cholodnaja osen'", „Čistyj ponedel'nik") oder ein prägendes Lebenselement („Ballada", „Vizitnye kartočki") stehen; damit untermalen sie zusätzlich die Gewichtung der Figuren, zu denen sie gehören.

Die Einstufung der Protagonistinnen als rund wird ggf. ein wenig durch die Tatsache eingeschränkt, dass sie hauptsächlich im Liebeskontext betrachtet werden, doch dieses Schema ist für diese Art von schriftlicher Arbeit von Vorteil, da ihr Ausmaß ohnehin lediglich die Analyse und Interpretation innerhalb eines beschränkten Lebenslagenkontexts erlaubt, und in dieser Hinsicht ist das Thema der Liebesbeziehung besonders gut geeignet, da es ein essentieller Bestandteil des menschlichen Lebens ist und Personen in ihren intimsten, emotionalsten und am tiefsten gehenden Momenten offenbart: „Бунин любил живописать те мгновения, те моменты в жизни своих героинь, когда девушка, превращаясь в молодую женщину, расцветает физически, испытывает нравственное и духовное возвышение." (Gejdeko 1987: 201)

Wie könnte man die potentiellen Absichten formulieren, die Bunin beim Verfassen solcher Erzählungen gehabt haben könnte? Was wollte der Autor durch seine Frauenfiguren vermitteln? – Der Schriftsteller Efim Doroš äußerte einst: „Мне как-то пришло на мысль, что женщины могли бы поставить памятник Бунину, – какое количество молодых и немолодых, красивых и некрасивых женщин изобразил он, изобразил в самом главном – в любви." (in Gorelov 1978: 547) In der Tat, schon allein aus den in dieser Arbeit untersuchten Werken ist eine große Vielfalt ersichtlich. Der Erzählband erscheint wie eine belletristische Frauenstudie. Es steht außer Frage, dass der Autor dabei niemals alle Frauentypen hätte abdecken können – wobei bereits der Ausdruck ‚Frauentypen' an sich aufgrund seiner intensiven Verallgemeinerungstendenz mit Vorsicht zu behandeln ist. Dennoch gelingt es ihm, eine eindrucksvolle ‚Kollektion' diverser Frauen zu präsentieren und einen Einblick in die vorhandene Mannigfaltigkeit zu gewähren; als Annäherung an diese ist sein Werk anerkennenswert. In Anbetracht der Tatsache, dass die weiblichen Hauptfiguren für gewöhnlich im Zusammenhang mit Liebesbeziehungen und somit männlichen Personen beschrieben werden, ist der Band „als Experimentierfeld Bunins zu betrachten" (Reese 2003: 231), auf dem er „nicht nur auf der künstlerischen Suche nach einer adäquaten verbalen Beschreibungsweise des weiblichen Körpers ist [...], sondern auch versucht, das Rätsel der weiblichen Anziehungskraft auf den Mann zu lösen" (ebd.).

Es ist spürbar, dass Bunin ein Zeichen setzen, eine Lanze für die Frau als vollwertige literarische Figur brechen wollte, und das, indem er sie sogar hyperbolisch als eine Art ‚Übermensch' (vgl. Titel der vorliegenden Arbeit, der eine Paraphrase folgender Worte Bunins ist: "Это даже как-бы и не люди, а какие-то совсем особые существа.") dem Manne sowohl geistig als auch körperlich voranstellt. Stuft er die Frau damit eindeutig als den ‚besseren, interessanteren, wertvolleren Menschen' ein? Das ist zu bezweifeln, denn eine solche Tendenz lässt sich in seinem Werk nicht nachverfolgen; vielmehr ließe es sich wie ein Staunen über etwas kaum adäquat Erforschtes und zugleich Bedeutsames betrachten. Im Untertitel der Thesis wird Bunins Faszination als „unkonventionell" bezeichnet: Angesichts der offiziellen Reaktionen der sowjetischen Gesellschaft, die im 2. Kapitel erwähnt werden, lässt sich der Grund nun nachvollziehen, denn er hat sich einerseits betont nicht an die sowjetischen literarischen ‚Schreibnormen' und Thematiken seiner Heimat gehalten und andererseits Frauen so viel hochkonzentrierte Aufmerksamkeit geschenkt wie wohl kaum ein anderer russischer Schriftsteller es vor ihm je getan hat.

Dieser ‚Protest' Bunins wird wohl besonders anschaulich und prägnant von einer der männlichen (!) Hauptfiguren aus *Temnye allei* in Worte gekleidet, nämlich dem personalen Erzähler aus der Kurzgeschichte „Genrich":

> Как люблю я [...] вас, „жены человеческие, сеть прельщения человеком"! Эта „сеть" нечто поистине неизъяснимое, Божественное и дьявольское, и когда я пишу об этом, пытаюсь выразить его, меня упрекают в бесстыдстве, в низких побуждениях... Подлые души! Хорошо сказано в одной старинной книге: „Сочинитель имеет такое же полное право быть смелым в своих словесных изображениях любви и лиц ее, каковое во все времена предоставлено было в этом случае живописцам и ваятелям: только подлые души видят подлое даже в прекрасном или ужасном". (109)

Nur allzu sehr passt dieser Kurzmonolog zu Bunins Unmut bzgl. der negativen (sowjetischen sowie ausländischen) Reaktionen auf den von ihm geliebten Erzählband und stellt das Problem in seinem Kern dar: die Unfähigkeit der Kritiker, in seinem Werk die Schönheit zu sehen, die er auszudrücken suchte. Durchschlagend ist dabei das aus einer unbekannten Quelle zitierte Argument des Erzählers: Wie kommt es, dass der Schriftsteller in seinem Schaffen Grenzen aufgezwungen bekommt, die den Maler oder den Bildhauer nicht oder in geringerem Maße behindern? Dies ist eine Frage, die ggf. eine Überlegung wert wäre. Selbiges gilt für eine mögliche Untersuchung des gesamten Erzählbandes im Lichte der in dieser Thesis gestellten Analyse- und Interpretationsaufgaben sowie Fragen, wobei sich jene auch auf alle anderen Geschichten, in denen weibliche Figuren im Vordergrund stehen, erstrecken kann, um die Frauenthematik bei Bunin im Ganzen zu erfassen. Ein solches Vorgehen könnte das Gesamtbild ergänzen. Auch wäre ein Vergleich mit Frauendarstellungen in der (russischen und/oder ausländischen) Literatur vor der bzw. zur Zeit Ivan Bunins sowie auch danach denkbar, um Parallelen und Kontraste aufzuzeigen und entsprechend versuchen zu begründen und die Entwicklung dieser Thematik darzustellen.

6. QUELLEN

PRIMÄRLITERATUR:

Bunin, Ivan (2006): *Polnoe sobranie sočinenij v XIII tomach. Tom 6.* Moskva: Voskresen'e.

SEKUNDÄRLITERATUR:

Bkr1 / Biblioteka russkoj klassiki (o. Jahr): „Anmerkungen zur Erzählung ‚Cholodnaja osen'". 16.08.2014. <http://ruslit.traumlibrary.net/book/bunin-ss06-05/bunin-ss06-05.html#comm035>

Bkr2 / Biblioteka russkoj klassiki (o. Jahr): „Anmerkungen zur Erzählung ‚Čistyj ponedel'nik'". 16.08.2014. <http://ruslit.traumlibrary.net/book/bunin-ss06-05/bunin-ss06-05.html#comm042>

Bkr3 / Biblioteka russkoj klassiki (o. Jahr): „Proza pozdnego Bunina". 16.08.2014. <http://ruslit.traumlibrary.net/book/bunin-ss06-05/bunin-ss06-05.html#work0 05>

Bremer, Thomas (2007): *Kreuz und Kreml. Kleine Geschichte der orthodoxen Kirche in Russland.* Freiburg/Basel/Wien: Herder.

Brockhaus Geschichte III (2001): "Wrangel". In: Brockhaus Geschichte III (2001): *Französische Revolution und moderne Welt von A-Z.* Leipzig-Mannheim: F.A. Brockhaus. S. 573.

Bunin, Ivan (2006): „Vospominanija". In: Bunin, Ivan (2006): *Polnoe sobranie sočinenij v XIII tomach. Tom 9.* Moskva: Voskresen'e.

Connolly, James W. (1982): *Ivan Bunin.* Boston: Twayne Publishers.

Cornwell, Neil (1998): *Reference Guide to Russian Literature.* London: Fitzroy Dearborn.

Evans Clements, Barbara (2012): *A History of Women in Russia. From Earliest Times to the Present.* Bloomington: Indiana University Press.

Gejdeko, Valerij (1987): *A. Čechov i Iv. Bunin.* Moskva: Sovetskij pisatel'.

Gorelov, Anatolij (1978): *Tri sud'by.* Leningrad: Sovetskij pisatel'.

Gor'kij, Maksim (1959): *Pis'ma k pisateljam i l. P. Ladyžnikovu (tom VII)*. Moskva: Archiv A. M. Gor'kogo.
Grin, Milica (1977): *Ustami Buninych*. Frankfurt am Main: Possev-Verlag.
Grob, Thomas (2005): „Nachwort". In: Bunin, Ivan (2005): *Verfluchte Tage. Ein Revolutionstagebuch*. Zürich: Dörlemann Verlag.
Karpov, Igor' (1999): *Proza Ivana Bunina. Kniga dlja studentov, prepodavatelej, aspirantov, učitelej*. Moskva: Nauka.
Kirchner, Baldur (1968): *Die Lebensanschauung Ivan Aleksejevic Bunins nach seinem Prosawerk*. Ludwigsburg: o. Verlag.
Kryzytski, Serge (1971): *The Works of Ivan Bunin*. Den Haag: Mouton.
Lachmann, Renate (2004): „Der Narr in Christo und seine Verstellungspraxis". In: von Moos, Peter (Hg.) (2004): *Unverwechselbarkeit. Persönliche Identität und Identifikation in der vormodernen Gesellschaft*. Köln: Böhlau. S. 379-410, hier: S. 393.
Marullo, Thomas Gaiton (2002): *Ivan Bunin. The Twilight of Émigré Russia, 1934-1953. A Portrait of Letters, Diaries, and Memoirs*. Chicago. Ivan R. Dee.
Michajlov, Oleg (1976): *Strogij talant. Ivan Bunin: žizn', sud'ba, tvorčestvo*. Moskva: Sovremennik.
Michajlov, Oleg (2001): *Žizn' Bunina. Liš' slovu žizn' dana...* Moskva: Centrpoligraf.
MIP / Moscow International Portal (o. Jahr): *Convents, Cathedrals and Churches. Cathedral of Christ the Saviour*. 16.08.2014. <http://moscow.ru/en/guide/entertainment/attractions/monasteries_cathedrals_and_churches/index.php?id4=194>
Munzinger (o. Jahr): *Iwan Alexejewitsch Bunin*. 10.03.2014. <http://www.munzinger.de/document/00000003640>
Reese, Hella (2003): *Ein Meisterwerk im Zwielicht. Ivan Bunins narrative Kurzprosaverknüpfung* Temnye allei *zwischen Akzeptanz und Ablehnung. Eine Genrestudie*. München: Sagner.
Setzer, Karl-Heinz (1989): „Moskau – das dritte Rom". In: Kluge, Rolf-Dieter / Setzer, Karl-Heinz (Hg.) (1989): *Tausend Jahre russische Kirche (988-1988). Geschichte, Wirkungen, Perspektiven*. Tübingen: Attempto. S. 43-61.

Smirnova, L. A. (1991): *Ivan Alekseevič Bunin. Žizn' i tvorčestvo.* Moskva: Prosveščenie.

Stepun, Fjodor (1934): *Ivan Bunin.* 10.03.2014. <http://odinblago.ru/stepoun_vstrechi/5>

Trottenberg, Dorothea (2005): „Leben und Werk Iwan Bunins. Eine Zeittafel". In: Bunin, Ivan (2005): *Verfluchte Tage. Ein Revolutionstagebuch.* Zürich: Dörlemann Verlag.

Volkov, A. (1969): *Proza Ivana Bunina.* Moskva: Moskovskij rabočij.

Woodward, James B. (1980): *Ivan Bunin. A Study of His Fiction.* Chapel Hill: University of North Carolina Press.

Zavet.ru1 – Pravoslavnoe čtenie (o. Jahr): *Proščenoe voskresenie. Nedelja syropustnaja, vospominanie Adamova izgnaniâ.* 11.08.2014. <http://www.zavet.ru/k/vp/p04-nai.htm>

Zavet.ru2 – Pravoslavnoe čtenie (o. Jahr): *Čistyj ponedel'nik.* 11.08.2014. <http://www.zavet.ru/kalendar/vp/s1pnd.htm>

Zin'ko, Feliks (2009): *Rassekrečennyj Čechov i Bunin.* Odessa: Pečatnyj Dom.

ÈsBÈ1 / Ènciklopedičeskij slovar' F. A. Brokgauza i I. A. Èfrona (1890-1907): *Elena, v mifologii.* 31.08.2014. <http://www.vehi.net/brokgauz/all/039/39043.shtml>

ÈsBÈ2 / Ènciklopedičeskij slovar' F. A. Brokgauza i I. A. Èfrona (1890-1907): *Kaliki ili kaleki perechožie.* 07.06.2014. <http://www.vehi.net/brokgauz/all/047/47110.shtml>

Literatur und Kultur im mittleren und östlichen Europa

herausgegeben von Reinhard Ibler

ISSN 2195-1497

1 *Elisa-Maria Hiemer*
 Generationenkonflikt und Gedächtnistradierung
 Die Aufarbeitung des Holocaust in der polnischen Erzählprosa des 21. Jahrhunderts
 ISBN 978-3-8382-0394-2

2 *Adam Jarosz*
 Przybyszewski und Japan
 Bezüge und Annäherungen
 Mit einem Vorwort von Hanna Ratuszna und Quellentexten in Erstübertragung
 ISBN 978-3-8382-0436-9

3 *Adam Jarosz*
 Das Todesmotiv im Drama von Stanisław Przybyszewski
 ISBN 978-3-8382-0496-3

4 *Valentina Kaptayn*
 Zwischen Tabu und Trauma
 Kateřina Tučkovás Roman *Vyhnání Gerty Schnirch* im Kontext der tschechischen Literatur über die Vertreibung der Deutschen
 ISBN 978-3-8382-0482-6

5 *Reinhard Ibler (Hg.)*
 Der Holocaust in den mitteleuropäischen
 Literaturen und Kulturen seit 1989
 The Holocaust in the Central European Literatures and Cultures since 1989
 ISBN 978-3-8382-0512-0

6 *Iris Bauer*
 Schreiben über den Holocaust
 Zur literarischen Kommunikation in Marian Pankowskis Erzählung *Nie ma Żydówki*
 ISBN 978-3-8382-0587-8

7   *Olga Zitová*
    Thomas Mann und Ivan Olbracht
    Der Einfluss von Manns Mythoskonzeption auf die karpatoukrainische Prosa des tschechischen Schriftstellers
    ISBN 978-3-8382-0633-2

8   *Trixi Jansen*
    Der Tod und das Mädchen
    Eine Analyse des Paradigmas aus Tod und Weiblichkeit in ausgewählten Erzählungen I.S. Turgenev
    ISBN 978-3-8382-0627-1

9   *Olena Sivuda*
    "Aber plötzlich war mir, als drohe das Haus über mir zusammenzubrechen."
    Komparative Analyse des Heimkehrermotivs in der deutschen und russischen Prosa nach dem Zweiten Weltkrieg
    ISBN 978-3-8382-0779-7

10 *Victoria Oldenburger*
    Keine Menschen, sondern ganz besondere Wesen …
    Die Frau als Objekt unkonventioneller Faszination in Ivan A. Bunins Erzählband *Temnye allei* (1937–1949)
    ISBN 978-3-8382-0777-3

ibidem-Verlag
Melchiorstr. 15
D-70439 Stuttgart
info@ibidem-verlag.de

www.ibidem-verlag.de
www.ibidem.eu
www.edition-noema.de
www.autorenbetreuung.de

www.ingramcontent.com/pod-product-compliance
Lightning Source LLC
Chambersburg PA
CBHW070741230426
43669CB00014B/2529